Peter Feldmann
Sozi. Jude. Oberbürgermeister

PETER FELDMANN

SOZI. JUDE. OBERBÜRGER-MEISTER

nomen

Copyright © Nomen Verlag, Frankfurt am Main 2022

www.nomen-verlag.de

Umschlaggestaltung: Alina Ammann, Frankfurt am Main
Umschlagfoto: Frank Widmann, Wiesbaden
Satz: Uhl + Massopust, Aalen
Druck und Bindung: Friedrich Pustet, Regensburg
Printed in Germany

ISBN 978-3-939816-90-4

Gewidmet meinen Töchtern
Hannah und Züleyha

Inhalt

1. Die Stadt

Frankfurt. Bonames. Eine Hochhaussiedlung. Erster Stock. Ich bin 15 Jahre alt und komme aus meinem Zimmer, weil mich die Stimme meines Vaters und die eines mir unbekannten Mannes anlocken. Ich gehe ins Wohnzimmer und muss erst einmal kurz stehen bleiben. Der Grund ist einer der, wie ich bis dahin vermutete, heiligsten Gegenstände in der Wohnung meiner Eltern. Das Sofa. Nie durfte ich meine Füße darauf ausstrecken (»Du machst das Sofa schmutzig!«), nie darauf trinken (»Du machst das Sofa schmutzig!!«), geschweige denn essen (»Runter vom Sofa!!!«). Ja, *das* Sofa kam mir als Kind fast heiliger vor als ein siebenarmiger Leuchter. So kann es gehen. Und nun sitzt auf diesem Sofa ein Mann, vielleicht Mitte 40, im selben Alter wie mein Vater, und gräbt seine Hände ins Polster, Hände, die so aussehen, als repariere er damit regelmäßig Autos, dazu gekleidet mit einem Outfit, das ihn vor meinem geistigen Auge irgendwo zwischen Malermeister und Lackierer changieren lässt. Der Mann schaut mich fröhlich an. Mein Vater: auch fröhlich.

Ich lasse mich, ungläubig was ich da sehe, auf

einen Stuhl fallen. Mir gegenüber diskutieren mein Vater und der Freund über Israel. Jahre haben sie sich nicht gesehen.

Kennengelernt haben sie sich im schwedischen Exil. Der Freund ist der Meinung, man müsse jetzt weg. Am besten sofort. Er habe den Schritt richtigerweise schon gemacht.

Israel sei die Zukunft, das sei ganz eindeutig. Mein Vater zählt dagegen die Vorzüge Deutschlands auf. Die Sicherheiten. Die Sprache, ohne die es nicht geht, wenn man, wie er, Menschen zu therapieren versucht.

Ich amüsiere mich und sage nichts. Doch dann wendet sich der Freund plötzlich zu mir. »Der Junge muss mal raus«, meint er, während er mich mustert. Und: »Günter, ich sage dir: Der Junge muss nach Israel, weg von Frankfurt.«

Obwohl die Sätze nicht mein Vater sagt, vermute ich, dass er sie im selben Augenblick denkt. Zumindest bin ich mir ziemlich sicher. Die beiden Männer schauen mich an. Vielleicht haben sie recht. Vielleicht muss ich raus. Weg aus der Hochhaussiedlung. Weg aus Bonames. Weg aus Frankfurt.

Das ländliche Israel wäre die Gegenwelt. Natur. Staub. Sternenhimmel. Keine Großstadt in der Nähe. Keine Flugzeuge und keine Autos und keine Bahn. Keine Partys in irgendwelchen Kellern. Weit weg sind Hochhaussiedlung, Bonames, Frankfurt.

Ich bin gerne in Frankfurt. Bin ich auch gerne in Israel? Heute verstehe ich den Zusammenhang.

Denn Gegensätze sind manchmal gar keine. Wie die Unterschiede zwischen den Menschen:

Kleiner als man denkt. Ein Vorurteil.

Die Vorurteile über Frankfurt sind Floskeln, oft gehörte Wörter, die man zu vermeiden sucht: Finanzmetropole. Verkehrsdrehkreuz. Besonders schlimm: Mainhatten. Als ob man etwas Größerem nacheifern wollte.

Frankfurt am Main ist das alles, natürlich. Aber Frankfurt, wie ich es heute verstehe, ist: Eine Stadt, in der die Menschen diskutieren und streiten und ja, in der sie sich manchmal auch anschreien. Und danach bei einem Apfelwein, einem Cortado, einem Chai wieder zusammensitzen und den lieben Gott einen guten Mann sein lassen. Frankfurt ist keine Stadt des Hasses. Und Menschen, die andere hassen, haben hier nichts verloren. Das macht die Stadt für mich viel mehr aus als die drei Floskeln. Klar, die Finanzinstitute, die IT-, die Pharma- und Chemieunternehmen, der Flughafen, sie alle legen die Grundlage für die Weltläufigkeit dieser kleinen europäischen Großstadt.

Und ebenso klar, dass die Internationalität eines der fünf großen Themen meines ersten Wahlkampfs und damit auch meiner Zeit als Oberbürgermeister wurde. Es ging darum, dass die Internationalität Chance und Verpflichtung ist, dass wir Intoleranz, Fremdenhass, Antisemitismus, Islamfeindlichkeit mutig entgegentreten.

Die soziale Frage ist entscheidend für den Nährboden, der sich Extremisten bietet. Wir müssen alle mitnehmen. Wir müssen miteinander reden, streiten und diskutieren, wir müssen allen die gleichen Chancen auf ein würdiges Leben bieten.

Und das Schöne ist: In Frankfurt wird Toleranz und Mitmenschlichkeit gelebt.

Deutlich über die Hälfte der Bewohnerinnen und Bewohner haben einen internationalen Hintergrund. Der Theatermacher Wolfgang Kaus überschrieb seine Autobiographie mit den Worten: »Mensche gibt's – all sin se anners.« Fand ich ganz passend.

In den vergangenen Jahren habe ich die Gelegenheit gehabt, den Vorhang zu lüften und dem Geheimnis der Weltläufigkeit nachzugehen.

Ansatzpunkte dafür finden sich in den großen historischen Instituten unserer Stadt. Im Jüdischen Museum, im Institut für Stadtgeschichte, dem Historischen und dem Archäologischen Museum und in den Worten der vielen Heimatforscher, die jeden Winkel der Vergangenheit ausmessen und Forschern gleich den Staub wegpinseln und Schlussfolgerungen für unsere Gegenwart und Zukunft ziehen. So erfuhr ich nach und nach, dass das, was diese Stadt ausmacht, nicht immer bloß ein Gefühl war, nicht immer bloß eine Feststellung, eine Erkenntnis, sondern dass dies alles tief in der Frankfurter Geschichte verankert ist – dass die Menschen, die hier inmitten von Europa leben, schon seit über 2000 Jahren immer wieder die Erfahrung gemacht haben, dass sie nicht nur besser zurechtkommen, wenn sie Fremde empfangen und bewirten und über ihr Leben ausfragen, sondern ganz schlicht die Geschäfte besser laufen, wenn man seine Türen öffnet und die Fremden einlädt und sich ihre Geschichten erzählen lässt.

Das hört sich jetzt alles so nett an. Aber es geht gar nicht ausschließlich darum, dass die Menschen hier zugänglich sind. Ich erlebe sie, so paradox es sich anhören mag, in einem angenehmen Sinne als frech, respektlos, diplomatisch würde man sagen: sie fordern Toleranz und Transparenz ein.

Hinter der Frechheit steckt Neugier. Ein ganz starkes Bedürfnis mitzubekommen, wer der andere, der sogenannte Fremde ist.

Das ist selbstverständlich durch den Handel geprägt. In dieser Stadt, die von ihrer Gründung an von so vielen Verkehrswegen durchkreuzt wurde und wird, sieht man sich nicht nur zweimal wieder, sondern drei-, vier-, fünf- oder zehnmal.

Das macht es hier so friedlich. Es öffnet die Stadt. Und ist folgenreich.

Die Menschen, die hierherkommen, müssen beispielsweise ertragen, dass ihre Kinder andere Kinder kennen und lieben lernen, die aus anderen kulturellen Kreisen und Religionen kommen. In Frankfurt mit dem Vorhaben zu leben, dass man nur unter seinesgleichen bleibt, ist unmöglich.

Wer versucht auszugrenzen, ist verloren.

Das ist das eine.

Das andere ist, dass das Kommen und Gehen zur DNA gehört. Und weil das Kommen und Gehen, das Ankommen und Abreisen, das Kennenlernen und Verabschieden schon weit vor der Römerzeit seinen Grundstein fand, sehe ich darin einen sehr angenehmen konservativen Geist.

Wer in Frankfurt am Alten festhält, der muss konsequenterweise die Tür für Neues öffnen. Wenn ich das auf den Demokratiereisen, die die Bürgerinnen und Bürger dieser Stadt weit in die Region führen, sage, dann sind manche sehr überrascht.

Dadurch, dass hier alle miteinander irgendwie klarkommen müssen, dadurch, dass es hier keine abgegrenzten ethnischen Viertel gibt, keine Chinatowns und keine Banlieues, wird jedem relativ schnell klar, dass das Verharren im eigenen Club, das Abgrenzen tatsächlich ziemlich aussichtslos ist.

Oft habe ich mich gefragt, warum Frankfurt nach der Nazi-Zeit so ein Anlaufpunkt für jüdisch-geprägte Akademiker wurde. Adorno, Habermas, Marcuse, warum wollten die ins Land der Täter zurück?

Wenn man sich die Stadtgeschichte anschaut, mit ihrem schon lange vor 1933 ambivalenten Umgang mit den Juden, gab es immer eine Wurzel, die in eine andere Richtung gewiesen hat.

Hier liegt der Ursprung der Romantiker, die von einer anderen, freien Gesellschaft geträumt haben wie etwa Bettine von Arnim, die Kontakte zu Karl Marx oder Ferdinand Lassalle pflegte und sogar Armutsforschung betrieb.

Nur ein Beispiel dafür, dass auch in früheren verschlosseneren Gesellschaften immer gleichzeitig der bemerkenswertere Teil da war, der Veränderungen wollte, der Aufbruch wollte, soziale Gerechtigkeit und Toleranz und Freiheit.

Diese Gedanken, diese Menschen, diese Einstellungen wirken wie ein Magnet. Trotz der Verbrechen der Nationalsozialisten.

Ich habe Bilder im Kopf, nicht nur von der Frankfurter Schule und ihren Diskussionen mit den Studentinnen und Studenten. Ich sehe auch Fritz Bauer, den Staatsanwalt, der die Auschwitzprozesse in Frankfurt vorantrieb, wie er im schummrigen Licht des Club Voltaire das Publikum selbstbewusst agitiert. Ich kann verstehen, welche Freude es für die Zurückkömmlinge bedeutet haben muss, als die jüngere, deutsche Generation sich in den Studentenprotesten aufgelehnt hat und die richtigen Fragen gestellt hat – die Fragen nach den Verbrechen und den Tätern und den Verantwortlichen, viele davon nach kurzer Abkühlphase wieder in Amt und Würden und oft noch von der jungen Bundesrepublik hochdekoriert.

Für mich ist das alles kein Zufall: Kein Zufall, dass die Frankfurter Schule hier begründet wurde, kein Zufall auch, dass Frankfurt eines der Zentren der

Studentenproteste Ende der 1960er- und Anfang der 1970er-Jahre wurde.

Natürlich war Frankfurt eine andere Stadt. Noch in den 1920er-Jahren war hier der höchste Anteil jüdischer Bevölkerung in ganz Deutschland.

Im Ostend waren es sogar über 50 Prozent.

Rückkehrer nach dem Krieg und die neuen Bürger aus dem ehemaligen Ostblock nach 1990 machen Frankfurt langsam wieder zu einer jüdischeren Stadt. Auch in der jüngeren politischen Geschichte fallen mir gleich Namen ein wie Michel Friedman, wie Dany Cohn-Bendit oder Micha Brumlik vom Fritz-Bauer-Institut. Und zugleich habe ich nicht das Gefühl, dass das eine allzu große Rolle spielt.

Ich habe das selbst erlebt als erster Oberbürgermeister mit jüdischer Biografie seit Ludwig Landmann. Alle wussten um meine Gemeindemitgliedschaft, keiner hat nachgefragt. Auch nicht die Medien. Dass ich mal eine Zeitlang nach Israel ausgewandert war, dass ich mich bei einer jüdischen Organisation beruflich verdingte, zweimal in den Rat der Jüdischen Gemeinde gewählt wurde, alles kein Thema.

Das macht es vielleicht auch so angenehm, hier zu sein. Es spielt keine Rolle, woher du kommst, sondern viel mehr, was du kannst und was du vorhast.

Aber was hatte ich eigentlich vor? Die Antwort, als ich damals als Jugendlicher im Wohnzimmer meiner Eltern gegenüber dem entweihten heiligen Sofa meiner Eltern saß, war recht einfach: nicht viel. Aber was kam, hat mich bis heute geprägt.

Denn ich ging nach Israel. In den Kibbuz.

2. Das Gegenteil von Gleichgültigkeit

Das Vorhaben im Leben meines Vaters war recht klar: Die Welt retten. Das war sein Thema. Das ist keineswegs größenwahnsinnig gemeint, sondern utopisch. Die logische Folge seiner Familiengeschichte.

Wer, wie er, geflohen ist, sich in Schweden dem bewaffneten Widerstand angeschlossen und irgendwie den Krieg überlebt hat, anders als die meisten anderen Menschen jüdischen Glaubens nicht ermordet wurde, anders als die meisten Freunde und Verwandten, der kann eigentlich gar nicht anders, als sich mit dieser Welt nicht einfach so abzufinden. Es ist, wie der kluge Elie Wiesel es einst gesagt hat: »Ich habe immer daran geglaubt, dass das Gegenteil von Liebe nicht Hass ist, sondern Gleichgültigkeit. Das Gegenteil von Glaube ist nicht Überheblichkeit, sondern Gleichgültigkeit. Das Gegenteil von Hoffnung ist nicht Verzweiflung, es ist Gleichgültigkeit. Gleichgültigkeit ist nicht der Anfang eines Prozesses, es ist das Ende eines Prozesses.« Und gleichgültig waren meine Eltern nie. Habe ich definitiv von ihnen geerbt.

Doch wo fängt man da an? Im großen Ganzen? Bei Utopien für die ganze Welt? Große Reden schwingend, wie sich die Menschheit jetzt sofort ändern müsste?

Oder in kleinen Gruppen, in kleinen Kommunen, in Familienverbünden, bei der Erziehung von Kindern?

Der Kibbuz war so ein Verbund. Eine Gemeinschaft. Natürlich oft ebenso streng wie traditionell sozialistisch. Aber in einem guten Sinne. Hierarchiefrei. Also im Grunde der Versuch, eine bessere Welt zu schaffen – im Kleinen. Das Prinzip kannte ich schon von der Sozialistischen Jugend Deutschlands, den sogenannten »roten Falken«.

Die Falken gingen aus der Arbeiterbewegung Anfang des zwanzigsten Jahrhunderts hervor, der Name selbst tauchte zuerst in der Weimarer Republik auf. Die 1920er-Jahre verbindet man heute mit Wirtschaftskrise, mit dem schwierigen Beginn der zweiten deutschen Demokratie nach 1848. Doch es war auch eine Zeit, in der die ersten Kinderrepubliken mit großem Erfolg durchgeführt wurden. Heute eine fast vergessene Episode. Im Grunde genommen riesige Zeltlager mit mehreren Hundert, manchmal Tausenden Teilnehmerinnen und Teilnehmern. Das findet sich heute noch bei vielen linken Gruppierungen wieder, die Schlagworte sind dieselben wie damals: Selbstverwaltung, praktisches Zusammenleben, Vergemeinschaftung. Es mischten sich Ansätze der Reformpädagogik mit sozialistischen Ideen, es ging auch darum, Demokratie und das noch junge Staatswesen kennenzulernen, überhaupt Mitbestimmung als Gesellschaftsform zu erproben. Nicht so selbstverständlich nach Jahrhunderten der Obrigkeit, der Autokratie und erst recht nicht nach einem Krieg, der ausgehend von manischer Aufrüstung, verkrusteten Strukturen des Kaiserreiches, Befehlsketten, Hörigkeit und Unterdrückung gradewegs in die Urkatastrophe des zwanzigsten Jahrhunderts mit Millionen von Toten führte.

Ebenfalls am Anfang dieses Jahrhunderts entstanden in Israel die ersten Kibbuzim, ein hebräisches Wort, das nichts anderes als Gruppe bedeutet. Wie auch die Kinderrepubliken waren sie basisdemokratisch organisiert und waren Teil des Neuaufbaus eines jüdischen Staates. Sie träumten von einem basisdemokratisch-sozialistischen Staat, der aber manchmal genau so utopisch wie eine Welt ohne Waffen war.

Nach dem Zweiten Weltkrieg jedoch sprossen sie zu Hunderten aus dem Boden. Als Zeichen des Neubeginns eines Landes, als Zeichen des Emporkommens aus einer Welt der Unterdrückung. Und wer unterdrückt wurde, ist versucht, dieses Problem bei der Wurzel zu packen. Die Kibbuzim versprachen eine Lösung: Alle sind gleichberechtigt. Alles ist vergemeinschaftet. Jeder hilft, wo und wie er kann.

Es ist Sozialismus im ursprünglichsten Sinn.

3. Das Volksheim

Ich hatte durch meinen Vater neben Israel noch ein zweites Land, das für mich spannend war: Schweden. Das Land, in das mein Vater während der Nazizeit emigrierte. Mit etwa 13 Jahren ging er aus Deutschland weg, nachdem seine Gruppe noch versuchte, in Hamburg einen Vor-Kibbuz zu gründen, was von den Nazis freilich zerschlagen wurde. Man zog also weiter nach Dänemark, als dies auch von den Nazis besetzt wurde, über den Öresund weiter nach Schweden. Vater arbeitete dort bei Bauern, hievte schwere Milchkannen aus kühlen Erdlöchern, was ihm einen Leistenbruch bescherte, der ihn noch Jahrzehnte später beschäftigen sollte. Mein Vater und seine Freunde suchten dort recht schnell Kontakte zur schwedischen Armee und zu einem jüdisch-kommunistischen Offizier, der die Gruppe ausbildete – vom Handgranatenwerfen bis zum Schießen. So übte man in den schwedischen Wäldern den bewaffneten Widerstand in der Befürchtung, dass die Nazis nun auch bald das neutrale Schweden überfallen würden. Mit 18 Jahren heiratete mein Vater dort, bekam zwei Kinder.

Als ich diese Geschichten als Kind zu hören bekam, war ich natürlich fasziniert. Vom Land, von den Leuten, von den Vorbereitungen zum bewaffneten Widerstand. Zur Familie meines Vaters in Schweden hatte ich aber leider kaum Kontakte, doch an eines erinnere ich mich, als mein Halbbruder mal zu Besuch nach Frankfurt kam: Wie überrascht ich war, als mein Vater einfach fließend schwedisch sprach.

Die Begeisterung meines Vaters für das Land speiste sich auch aus der in den 1930er- und 1940er-Jahren entstandenen Idee des Folkhemmet, des Volkheims, mit dem die Sozialdemokraten die Grundlage für den späteren Wohlfahrtsstaat legten. »Im guten Heim herrschen Gleichheit, Fürsorglichkeit, Zusammenarbeit und Hilfsbereitschaft«, sagte Per Albin Hansson 1928. Die Konsequenz war eine enorme Umverteilung, die von der weiten Mehrheit der Bevölkerung getragen wurde, insbesondere auch von den Frauen, die wussten, dass damit auch die Kindergärten, Schulen und Universitäten getragen wurden, was ihnen wiederum Freiheiten erlaubte.

Die Idee meines Vaters, in den Bereich der Erziehung und der Jugendarbeit zu gehen, wurde dort in Schweden geboren. Auch aus einem weiteren Grund: Im Bemühen, niemanden durch das Netz fallen zu lassen, schuf man in Schweden Systeme, bei denen Lehrer, Polizisten und Sozialarbeiter zusammenarbeiteten, um sich gemeinsam um jene zu kümmern, die Schwierigkeiten machten.

Die Grundlage für dieses System war, vereinfacht

gesagt: Man arbeitet so viel, wie man kann. Man bekommt so viel, wie man braucht. Und genau dies fand sich in den Kibbuzim wieder. Dem zweiten Traumort meines Vaters – und damit auch von mir.

Ein Leben, wie in einem marxistischen Traum. Morgens fischen, mittags das Feld bestellen, danach putzen und aufräumen und immer dazwischen politisch-philosophische Gespräche. Besonders interessant fand ich die Rolle der Politiker: Im Kibbuz stand eben auch der Abgeordnete aus der Knesset an der Spüle. Jeder macht mal alles. Manche sind Landwirte, dann arbeiten sie im Büro des Kibbuz als Sekretär, sind vier Jahre Abgeordneter und gehen dann zurück aufs Feld. Es ist der Versuch, immer wieder aus dem politischen Geschäft rauszukommen, den Kontakt nicht zu verlieren. Später schrieb ich über diese Form der direkten Demokratie nicht nur meine Abschlussarbeit an der Universität, sondern versuchte auch in meiner eigenen Biografie diese Wechsel einzubauen. Vom Jugend- oder Altenzentrumsleiter wechselte ich in Nebenjobs oder in die Verwaltung und wieder zurück. Es geht im Grunde darum, dass Menschen, insbesondere Politiker, gar nicht das Recht haben, abzuheben. Davon wird noch zu sprechen sein. In Israel wurde darüber gar nicht groß diskutiert. Es war eine Selbstverständlichkeit. Politik ist ein Dienst an der Gemeinschaft, die Arbeit auf dem Feld ist es auch. Also ging ich in einen Kibbuz – eine große Frage im Gepäck.

4. Im Kibbuz

»Wenn du denn partout nicht willst, dann schick uns deinen Sohn. Soll er selbst entscheiden!« So sagte der Freund. Mein Vater stellte zu meiner Überraschung dreihundert Mark für den Flug in Aussicht. Weil das noch nicht reichte, jobbte ich in den Weihnachts- und den Osterferien. Im Sommer konnte es dann losgehen. Ich hatte die Vorstellung eines Abenteuerurlaubs im Kopf. So fragte ich im Haus einen Freund, ob er nicht mitkommen wolle. Er wollte – er, der aus seinem Elternhaus eine halb-deutsche, halb-chinesische Biografie mitbrachte und das Wort Kibbuz wahrscheinlich grade zum ersten Mal hörte. Wie ich fand er die Idee, fernab der Eltern, fernab von Frankfurt und Bonames die Ferien zu verbringen, sofort einleuchtend.

Bevor ich als Heranwachsender zum ersten Mal in einen Kibbuz kam, wurde ich einen Gedanken nicht los: Würden die, die faul sind, nicht in einer Gemeinschaft der Gleichen und nicht zuletzt einer Gemeinschaft mit gleichem oder ganz ohne Gehalt, nicht belohnt? Das war die große Frage.

Und so fuhr ich mit meinem vierzehnjährigen

Nachbarsfreund los: Ein Urlaub war das nicht. In der Fabrik stehend, den Hühnerstall ausmistend, Zitrusfrüchte und Avocados auf den Plantagen erntend, so waren unsere Tage dort geprägt. Givat Haim Me'uchad, so hieß unsere neue Heimat für einige Wochen, in der Nähe der Stadt Chadera gelegen. Westlich das Mittelmeer, östlich das Carmel-Gebirge, ein fruchtbares Land, hier und dort durchzogen von Wäldern und Sümpfen.

In Givat Haim folgte man den Gedanken der Massenbewegung, es ging schlicht darum, alle zu integrieren, zu wachsen und die Produktion zu mehren und schließlich sogar kleinere Städte zu gründen. Der Grundgedanke wie bei den vielen hundert anderen Kibbuzim war die Schaffung eines jüdischen Staates, der hierarchiefrei und klassenlos war. Kein Wunder, dass nach den Erfahrungen im besten Falle patriarchaler, im schlimmsten Falle diktatorisch-faschistischer Gesellschaftsformen tausende Juden und mit ihnen die sogenannten Aussteiger ihren Weg in den 1960er- und 1970er-Jahren nach Israel fanden. Aber was heißt schon Aussteiger? Ging es denn wirklich darum, eine normale Welt hinter sich zu lassen? Konnte diese kapitalistische Welt, diese Welt, die Hunger zuließ und Armut und die maßlose Ausbeutung von Menschen und Tieren, konnte die denn normal sein?

Den Gedanken pflanzte mir mein Elternhaus ein. Aber es war auch die Stimmung in einer Stadt wie

Frankfurt, die mich mitzog. Für die Studentenproteste war ich zu jung. Als Rudi Dutschke am 10. April 1968 erschossen wurde, war ich grade einmal neun Jahre alt. Aber dem Sog der politischen Reden, den Besuchen von Größen der »Szene« wie Daniel Cohn-Bendit konnte man sich als Jugendlicher nur schwer entziehen. Noch dazu auf einem Gymnasium wie der Ziehenschule, auf der ich damals war und in der ich auf Widerstände stieß. Oder die Widerstände auf mich. Unter den Lehrerinnen und Lehrern, den Schülerinnen und Schülern hatte ich nicht nur Freunde. Auf meiner Schule fanden ich und einige Freundinnen und Freunde aus der Schülervertretung nach der Organisation eines massiven Schulstreiks bald keinen Platz mehr, hatten es satt, uns gegen die Schulleitung durchsetzen zu müssen und von Lehrern schlechte Noten zu kassieren, die unsere Proteste und Aufwiegelungen damit zu unterbinden hofften.

Wir wechselten zur Ernst-Reuter-Schule.

Vielleicht wollte ich zu oft mit dem Kopf durch die Wand. Und vielleicht imponierten mir die Frankfurter Studentinnen und Studenten, die genau das taten: Alles in letzter Konsequenz nicht nur durchzudenken, sondern auch durchzusetzen versuchen. Die Hürden, ein zwar kapitalistisches, aber eben doch demokratisches System durch eine Basisrevolution außer Gefecht zu setzen, waren zu hoch – und das System zu flexibel, als sich dadurch zu Fall bringen zu lassen.

Dass es auf der Welt aber diesen Ort gibt, an dem jeder von seiner eigenen Arbeit Hände lebt, an dem Eigentum der Gemeinschaft gehört und alles gerecht aufgeteilt wird, dass man das also einfach mal ausprobieren konnte, um zu sehen, ob es geht und wie es geht, das waren für viele damals Gründe genug, nach Israel zu gehen. Für manche wie mich wurden es nur wenige Monate, andere blieben bis heute. Aber für alle war es eine Lebensentscheidung, die alles weitere prägte.

Und natürlich fand auch ich rasch Gefallen am Leben im Kibbuz, selbst dann, als meine Erwartung eines Abenteuerurlaubs, der ich vor der Reise nachhing, spürbar nachließ. Die Arbeit auf den Feldern, Fabriken und Gärten um den Kibbuz war anstrengend und wir fielen abends todmüde auf unsere Feldbetten.

Aber der Freund meines Vaters war ja vor Ort, besuchte uns dann und wann oder holte uns mit seinem kleinen Auto ab, um mit uns über staubige Landstraßen zu brettern und uns zusammen mit seiner Freundin von der Schönheit des Landes zu überzeugen. Wer einmal dort war, weiß, dass das ein Kinderspiel ist. In Israel ist man schnell verliebt.

Ins Land. Und in die Menschen.

In den nächsten Sommerferien wollte ich wieder dahin.

Es zeigt ein bisschen: Der Sprung von der sozialistischen Jugend Deutschlands, den Falken, in den

Kibbuz war für mich keiner. Außer ein geografischer. Mehr noch: Wir organisierten Jugendfreizeiten nach Israel mit anderen Falken-Jugendlichen. Die Großstadt, der Wohnblock, die Straße wurden eingetauscht in eine andere Welt. Der Deal war simpel: sechs Wochen Ferien, vier Wochen davon im Kibbuz arbeiten, zwei Wochen im Land herumreisen. Und in diesen zwei Wochen haben wir uns natürlich auch durchgebettelt in anderen Kibbuzim, gingen dort zu den Freiwilligen, fragten, ob man uns Obdach geben könnte – am Toten und am Roten Meer, am Mittelmeer, mitten in Jerusalem. Der Freund meines Vaters war da gar nicht mehr dabei, wir versuchten es auf eigene Faust, per Anhalter oder mit dem Bus, unerreichbar für die tadelnden Finger unserer Mütter, die abwehrenden Handbewegungen unserer Vater. Und damit war es dann doch das: Ein großartiges Abenteuer, von dem ich heute unsicher bin, ob ich es meinen Töchtern überhaupt erlauben würde. Ich müsste es natürlich tun, aber diesen Gedanken kennt wahrscheinlich jede Mutter, jeder Vater.

Man ist da nicht so nachsichtig wie bei seinem eigenen Leben als Teenager.

Heute würde man zu dem, was wir da machten, sagen: Work and Travel. Aber es zeigte uns mehr als das, mir besonders: Eine Welt, die so fern schien. Aber: Sie war möglich. Kibbuz Givat Haim Me'uchad ließen wir schon im zweiten Jahr hinter uns. Fortan ging es in einen Kibbuz der Kibbuzbewegung Artzi, der von Mitgliedern der Vereinigten Arbeiterpartei Mapam gegründet wurde. Denen ging es nicht um möglichst viele Arbeitskräfte und Expansion, sondern vor allem darum, dass man ideologisch verlässlich war. Und diese Ideologie konnte mit einem ganz konkreten Wort zusammengefasst werden: Vergemeinschaftung. Jeder sucht und bekommt seine Aufgabe. Wer damit klar kam, war dabei. Kein Problem für mich. Mein Vater und ich waren uns ja ohnehin einig, dass der Sozialismus die beste Lebensform aller Zeiten war. Das war natürlich die Theorie.

Die Zeit der zwei Systeme, die Zeit des Kalten Krieges brachte diese Frage immer wieder hervor. Hier der kapitalistische Westen, dort der sozialistische Osten, so schwarz-weiß musste uns jungen Menschen die Welt damals vorkommen. Denn so wurde sie uns vorgezeichnet. Zu sehen, dass es funktioniert, öffnete mir die Augen.

Der Kibbuz zeigte, dass die demokratische Gemeinschaft stärker war als jeder kapitalistische Druck.

Und die Geschichte der Mapam-Partei lehrte mich, dass es auch in Israel nicht nur schwarz-weiß gibt, sondern viele pragmatische Grautöne. Als die Partei mit Gründung des Staates Israel begann, ihre Arbeit aufzunehmen, sah sie sich direkt einem Dilemma gegenüber. Man lehnte Siedlungen auf dem Gelände der arabischstämmigen Bevölkerung ab, die der Partei verschwisterte Artzi-Bewegung baute aber ein Kibbuz nach dem anderen auf. Es führte zu Kompromissen, etwa, dass natürlich Araberinnen und Araber als Arbeitskräfte willkommen waren, um im Kibbuz mitzutun. Oder, dass ihnen Entschädigungen gezahlt werden sollten und das Land zugleich nicht exklusiv für die Kibbuz-Bewegung zur Verfügung stand. Auch hier setzte sich der Gedanke der Gleichberechtigung durch. Und es verwundert nicht, dass die Meretz-Partei, die aus der Mapam hervorging, heute nicht nur fordert, einen palästinensischen Staat zu gründen, sondern der reinen Marktwirtschaft ein Gesellschaftsmodell der Gleichberechtigung, der Umverteilung, des Pluralismus, der Gerechtigkeit und der Bildungschancen für alle Menschen in Israel entgegensetzt. Gut, man muss vielleicht dazusagen, dass Meretz mit dieser Agenda nie auf großartige Ergebnisse kam, aber dass die israelische Politik seit einigen Jahren als vom rechten Likud geprägt gesehen wird, ist mir unverständlich. Es ist natürlich einfach, Israel als Ganzes als Staat zu sehen, der die Rechte von Palästinensern einschränken will, der Siedlungen auf Teufel komm raus baut und einem doch eher orthodoxen Judentum nachhängt, aber diese Vereinfachung ist nicht nur vorurteilsgeladen, sondern unterschlägt auch all jene Israelis, die sich als links und sozialistisch gesinnt sehen. Und das sind nicht wenige. Was wiederum unter anderem an den Kibbuzim liegt und ihrer Magnetwirkung, die sie vor nunmehr fast fünfzig Jahren auf junge Menschen aus Europa und Amerika hatten.

Die Vergemeinschaftung, die andere Gesellschaft, das war mir in meinen Ferien in Israel klargeworden, kann gelingen. Und vielleicht lag darin ja auch meine Zukunft. Ein Studium, fand ich, brauchte man dafür eigentlich nicht.

Und so beschloss ich, kaum erwachsen geworden, mich im Kibbuz zum Gärtner ausbilden zu lassen.

5. Ein jüdisches Leben

Als ich viele Tausend Kilometer von meinem Vater entfernt war, dachte ich daran, es ihm gleichzutun und Psychologie zu studieren. Das lag nicht an der Umgebung im Kibbuz, nicht an den Menschen dort, nicht an der Arbeit in den Gärten und Feldern und auch nicht an meinem Chef Bob, der auf der »kurzen Durchreise« von den USA nach Australien in Israel seine Frau kennengelernt hatte und im Kibbuz blieb und uns von seinen Reiseplänen berichtete, als ob es doch noch irgendwann nach Down Under weitergehen würde.

Bob erstellte wunderschöne Pläne für Gärten mit uns, mit japanischen Bäumchen, rotem und schwarzem Tuffgestein, weißem Kiesel, alles in Perspektive gesetzt in einem der wohl abgefahrensten Schulgärten dieses Planeten. Es gab dort einfach alles. Und es wunderte mich nicht, als ich viel später erfuhr, dass die Kräuter für die Frankfurter Grüne Soße im Winter aus Israel importiert werden.

Bob war ein fortschrittlich denkender Mensch. Er schaute immer nach vorne und besaß schon Ende der 1970er-Jahre einen Computer, mit dem er den

Einsatz von Wasser und Dünger berechnete. Automatische Bewässerungssysteme brachten das in dieser Gegend der Welt so wertvolle Nass tröpfchenweise zu den Pflanzen, und wir wurden angehalten, mit Nähnadeln in festem Abstand kleine Löcher in die langen Wasserschläuche zu piksen. Alles musste fortwährend kontrolliert und repariert werden, die Pflanzen auf Schädlinge untersucht, ihre Blüten behutsam umsorgt und ihre Früchte so geerntet werden, dass keine Schäden zurückblieben. Über uns brannte die Sonne, Meeresluft wehte vom Mittelmeer herüber, in einiger Entfernung das kühle Versprechen der Berge. Und doch meldeten sich in meinem Inneren Zweifel an, ob ich am richtigen Ort sei. Ich brauchte eine Weile, um das Gefühl zu verstehen. Aus der Sicht meiner Familie war ich in Sicherheit, in einem Land, in dem ich mir eine Existenz aufbauen könnte und in dem ich leben könnte.

Die Geschichte vom gelobten Land habe ich dagegen nie geglaubt. So zionistisch bin ich dann doch nicht. Wie es ja ohnehin ein Vorurteil ist, zu glauben, alle Jüdinnen und Juden wollten nur einen Staat vollkommen ohne Rücksicht. Dass fast die Hälfte der Israelis die Siedlungspolitik ablehnt, liest man in deutschen Nachrichten jedenfalls selten. Ich gehöre übrigens auch zu der Gruppe, die sie ablehnt.

Und nun trat ich den Weg zurück an, nach Deutschland, an die Marburger Universität. Nur ein knappes Jahr hatte ich es in meiner Ausbildung ausgehalten. Ich empfand es nicht als Niederlage. Es war gut, es ausprobiert zu haben. Aber es war nichts für mich. Ich studierte stattdessen Politikwissenschaft, europäische Ethnologie, Soziologie und Pädagogik. »Brotlose Kunst« – ich sehe die Gedanken einiger förmlich vor mir. Doch das kommt darauf an, was man vorgelebt bekommen hatte. Meine Eltern würde ich als tüchtig und fleißig und aufstiegsorientiert bezeichnen. Und als sozial orientiert.

Deswegen waren es auch immer die sozialen Berufe, die mich interessierten.

Mein Vater hatte in einem Kinderheim gearbeitet, später ein Kinder- und Altenheim in der Nähe von Braunschweig geleitet. In diesem Bereich zu forschen und dies aufzubauen, war eine große Herausforderung, die er bei der Zentralen Wohlfahrtstelle der Juden in Deutschland und später der Jüdischen Gemeinde umsetzen konnte. Das hat ihm Spaß gemacht. Er hat einen Satz gesagt, den ich auch gerne sage: »Ich erhole mich bei der Arbeit.«

Meine Mutter war im Geiste ähnlich. Vielleicht hat das die beiden zusammengeführt. Sie war ausgebildete Kinderkrankenschwester, war Erzieherin und wurde dann von einer Schulbibliothekarin zur Lehrerin für so gut wie alle Fächer – und das, obwohl sie nie eine Universität von innen gesehen hatte. Es kam so, dass der Schulleiter eines Tages zu ihr kam und sie fragte, ob sie als Krankenschwester nicht im unterbesetzten Biologie-Bereich aushelfen könne, um den Kindern etwas über den menschlichen Körper zu erzählen. Sie stimmte zu. Und so ging es nach und nach weiter mit immer mehr Fächern; das wäre heute wohl nicht mehr möglich, egal wie cool der Schulleiter ist.

Das macht mich so stolz auf die beiden. Meine Hartnäckigkeit erklärt sich sicherlich durch eine »Erziehung zwischen den Zeilen«, mein Vater kam über den zweiten Bildungsweg, meine Mutter mit der eben geschilderten Biografie in den Lehrerberuf. Dass sie das, was sie machten, wirklich wollten, das haben die beiden ausgestrahlt. In gewisser Weise hat mich das auch in die sozialen Berufe gebracht. Meine Entscheidung fürs Politikstudium war im Nachhinein vielleicht mehr ein Resultat des Gedankens, mit der Ablehnung eines psychologischen Studiengangs dann doch nicht exakt das Gleiche wie mein Vater machen zu wollen.

Aber: Wie kann so ein Politikabsolvent mal ein Altenzentrum leiten oder als Dozent Verwaltungsleiter ausbilden oder einer Schreinerwerkstatt vorstehen oder ein Jugendhaus leiten oder als Referent in einem Wohlfahrtsverband arbeiten? Das habe ich meinen Eltern zu verdanken. Auch den Blick und den Impetus, über das Soziale etwas verändern zu können, den Impetus, über konkrete, anfassbare Dinge Menschen ein Stück aus schlechten sozialen Verhältnissen zumindest den Weg zu weisen, der kommt sicher von ihnen.

Als in meiner ersten beruflichen Stelle, als Bildungssekretär und Geschäftsführer des Landesverbandes der Falken, das benachbarte Jugendhaus meine Hilfe brauchte, machte ich hier und da eine Urlaubsvertretung. Später konnte ich auf jene Praxiserfahrung verweisen, als ich mich – schon Stadtverordneter und Juso-Vorsitzender – auf die Leitung eines Jugendhauses bewarb. Aber ich habe es mir immer zugetraut, hatte die Sicherheit, dass es passt und ich es auch kann.

Ich frage mich oft, ob dieses Selbstvertrauen und dieses Engagement etwas typisch Jüdisches ist. Es zu schaffen, trotz und gerade wegen der eigenen Geschichte. Es gibt die Storys von Holocaust-Überlebenden, die zwei Handvoll Kinder bekommen, weil jedes von ihnen ein Sieg über die Nazis ist. Es gibt, anders als es die Vorurteile wollen, nicht nur die Aufstiegskarrieren von Bankiers, sondern auch die von Clubmachern, die von Musikern und Juristen, die von Gastronomen und Lehrerinnen, die eigentlich aus sehr einfachen Verhältnissen stammen.

Aber was ist schon typisch jüdisch? Das Selbstverständnis darüber hat sich mit der Einmaligkeit der Shoa verändert. Um es platt zu sagen: Wir haben fast alle einen »Kleinen Hau« weg. Früher oder später hat man ja erfahren, was die eigene Familie erleiden musste, was sie erfahren musste. Und auch wenn es, wie bei mir, eher später war in jugendlichem Alter, kann man den Gedanken nicht verdrängen, dass man bei einigen Leuten immer noch auf der Abschussliste steht. Klar, lebt man in einer Demokratie mit demokratischen Institutionen, die sich mehrmals im Jahr versichern, dass sich »so etwas« nicht wiederholen dürfe. Und dennoch fehlt das Grundvertrauen. Wo du auch hingehst: Polizei, Sicherheitsschleusen, kleine drahtige Männer, die früher mal beim Mossad oder der Armee Israels waren und jetzt ihr geschultes scharfes Auge auf Gemeindezentren, Synagogen, Kindergärten und Schulen mitten in einer so liberalen, so toleranten Großstadt wie Frankfurt richten. Und wenn, wie vor einigen Monaten, ein Richtfest für die Jüdische Akademie gefeiert wird, sieht man beim Blick nach oben die Scharfschützen auf den Häuserdächern. Das alles hat nichts damit zu tun, dass man sich einmauert. Es hat damit zu tun, dass man so offen sein will, wie es die antisemitischen Kräfte in Deutschland eben zulassen.

Es erinnert mich an den SPD-Politiker Christian Raabe, der einst neben Fritz Bauer als Anwalt der Nebenkläger in den Auschwitz-Prozessen die schweigsamen Angeklagten zum Plaudern brachte über die Verbrechen, derer sie sich schuldig gemacht hatten. Raabe war außerdem seit den 1980er-Jahren Stadtverordneter. Ihm ist der Antrag zu verdanken, dass die Stadt die Sicherheitskosten der Jüdischen Gemeinde übernimmt. Sein zentrales Argument war bestechend: Die Jüdinnen und Juden wollen keine Polizei. Sie sind dafür nicht verantwortlich.

So gibt es bis heute den Frankfurter Vertrag, der genau das regelt. Es ist gleichwohl ein Jammer, dass so viel Geld für den Schutz ausgegeben werden muss: Was ist das für eine Gesellschaft, in der Kindergärten mit schusssicherem Glas ausgestattet werden müssen und die Straßen vor ihnen mit Panzersperren gesichert werden? Gibt es da keine andere Lösung?

Selbst als sozial arbeitender und denkender Mensch fällt mir da nicht viel ein. Es ist gut, dass es diese Sicherheit gibt. Und ich will den Glauben nicht verlieren, dass wir über die Soziale Frage auch den gesellschaftlichen Zusammenhalt stärken können. So wie der Konflikt zwischen Palästina und Israel als Grundlage eine enorme ökonomische Schieflage hat, so ist auch in Frankfurt zu beobachten, dass in den 1990er-Jahren die Republikaner und die NPD und neuerdings die AfD ihre besten Ergebnisse in den Randbezirken der Stadt einfuhren. Wenn auch längst nicht vergleichbar mit manchen ostdeutschen Städten, so kratzen sie doch oft an der Zehnprozentmarke. Das Mittel der Sozialdemokratie war stets, die Ränder zu stärken: Durch Umverteilung. Denn die Wurzel vieler Vorurteile ist der Neid auf die, die es vermeintlich leichter im Leben haben, die ihr Geld nicht an Vermieter und an die Tankstelle verlieren. Es geht darum, denen zu geben, die nicht viel haben.

Für mich besteht darin auch mein Glaube. Nicht in dem Sinne, dass die Shoa eine Strafe war für gottloses Verhalten, nicht in dem Sinne, dass wir nun nur Gutes tun müssen, um das Böse zurückzudrängen, auch nicht in dem Sinne, dass Gott sich seiner Wege schon bewusst ist. Mein Glaube besteht darin, an das Gute im Menschen zu glauben und jenen gesellschaftlich zu helfen, die wenig haben. Das hört sich pathetisch an. Aber nur, wenn man glaubt, man könne dieses Prinzip ein Leben lang und unfehlbar durchhalten. Es ist aber eine gute Richtschnur. Und an die versuche ich mich zu erinnern, wenn ich am 9. November in die Synagoge gehe oder wenn ich bei einer Beerdigung auf dem Friedhof mit der Kippa inmitten der großen jüdischen Gemeinschaft Frankfurts stehe, in meinem Herzen nicht nur ein Gefühl der Trauer, sondern auch von tiefer Geborgenheit inmitten dieser so unterschiedlichen Menschen.

Meine Religion

Vielleicht spreche ich deshalb lieber über soziale Unterschiede und zu hohe Mieten und kostenlose Bildung als über meine eigene Haltung zur Gemeinschaft jüdischer Menschen oder meine Religion oder gar meine Meinung zum Nahost-Konflikt. Und deswegen zögere ich auch jetzt, über meine Religion offen zu sprechen. Man wird so leicht darauf reduziert. Der Sprecher der israelischen Regierung möchte ich jedenfalls ebenso wenig sein wie der Verteidiger jüdischen Lebens auf deutschem Boden. So wenig, wie in Frankfurt meine Religion zum Thema gemacht wurde, so wenig habe ich sie auch selbst zum Thema gemacht.

Zentraler Bestandteil meiner Religion ist die Vergemeinschaftung. Die ist mir in die Wiege gelegt. Wenn man so will, war das Judentum von meiner Geburt an da. Mit sieben wurde ich vor die Entscheidung gestellt, entweder ins Bett zu gehen oder die Tagesschau zu schauen. Klar, Fernsehen. Damit kam die Politik in mein Leben. Mein Vater saß dann da und hat mir erklärt, wer die Guten und die Bösen sind. SPD gut, CDU nicht gut. So wuchs ich da rein. Aber da war ich noch allein, sog das alles auf, aber sprach nicht viel mit anderen darüber.

Das Engagement kam erst später, auf dem Gymnasium. Da wusste ich dann auch schon von der Geschichte meiner Familie, später als viele andere Frankfurter Jüdinnen und Juden.

In der Schule machte ich mit Wachsmalstiften und fünf zusammengetackerten Blättern eine Klassenzeitung. Dieser Tag, an dem ich sie herausgab (oder sollte ich besser sagen: herumreichte?), definiert für mich den Übergang von der Kindheit ins Erwachsenwerden. Sie enthielt politische Parolen und mit Prittstift hineingeklebte Karikaturen aus dem einen oder anderen Gewerkschaftsblatt. Das Ding wanderte unter den Schulbänken umher. Außerhalb der Schule war ich viel unterwegs am Rande von Frankfurt, war auf brachliegenden Feldern, in zugewachsenen Wäldchen, baute Hütten und untersuchte verlassene Höhlen. Mein Vater hatte eine sozialistische Stadtteilgruppe für Kinder und Jugendliche gegründet, mit zwölf Jahren übernahm ich sie von einem Studenten und Juso. Vier, fünf Jahre organisierte ich Freizeiten, Zeltlager, wir empörten uns über die Kinderarmut in der Welt und in einer reichen Stadt wie Frankfurt und darüber, dass wir in einem elitären Bildungssystem aufwuchsen, wo doch Deutschland allen die gleichen Chancen bieten müsste. Es war auch ein Aufbegehren gegen das, was alle machten: *Bravo* lesen. Liebesbriefchen schreiben. In der Schule suchte ich die Bühne, indem ich mich als stellvertretender Klassensprecher bewarb und einmal auch Schulsprecher wurde in einer Direktwahl. Einmal war mein Ziel, Stufensprecher zu werden. Schulkameraden, die später in der CDU Karriere machten und mit mir im Magistrat der Stadt Frankfurt saßen wie Daniela Birkenfeld und Bernd Heidenreich, stellten fest, dass es laut SV-Gesetz nur Klassensprechern, aber nicht ihren Stellvertretern erlaubt sei, für die Stufe zu sprechen. Als ich zurück in meine Klasse kam, schlug ich ihnen vor, dass sie mich zum Klassensprecher wählen, ich zum Stufensprecher werden könne und dann der eigentliche Klassensprecher wieder zurückgewählt würde. So wurde es dann gemacht. Und mit mir kamen viele andere in die Schülervertretung, wir hatten an einer konservativen Schule mit konservativen Lehrern eine linke SV. Unser Ziel war mehr Beteiligung an den Lehrplänen, am Unterricht, mehr kostenfreie Lehrmittel, mehr in Richtung Gesamtschule. Wenn wir zum Streik aufriefen, plante die Schulleitung kurzfristig einen Projekttag, auf dass keiner kommt. Wir riefen einen weiteren Projekttag aus, hingen Transparente auf, die der Hausmeister abhängen sollte, die Folge: ein Handgemenge, hinter Schloss und Riegel beim Direktor, der drohte mit allem möglichen und sorgte am Ende dafür, dass die Polizei kam. Alles nicht so einfach. Grenzerfahrungen. Aber Machtfragen ließen sich stellen. Auch mit einer relativ kleinen Gruppe, soviel wurde mir klar.

Und so erlebe ich viele Ehemalige aus der Jungen Union auch heute noch: Sie kommen mit Formalia und Stilfragen und dem Begriff der Realitätsferne, »wir« eher damit, dann eben einfach die Realität zu ändern. Mit den Konservativen kam ich also zurecht. Und viel, viel später entwickelten sich, wie mit Bernd Heidenreich, einem heutigen CDU-Stadtrat, daraus auch inspirierende Gespräche über Demokratie, Teilhabe und die Paulskirche und eine echte Freundschaft.

An der Ziehenschule sah ich in der elften Klasse dann aber auch, mit wem es nie gehen würde. Das Politische nahm härtere Formen an. In meiner Klasse waren zwei Mitglieder der Jungen Nationaldemokraten, eine Klasse unter mir der Vorsitzende der

Neonazis, recht untypisch ein junger Mann mit langen Haaren. Es war eine Zeit, in der in den Umkleidekabinen der Turnhalle plötzlich Hakenkreuze auftauchten. Meine beiden Klassenkameraden hatten sich lange, lederne SS-Mäntel gekauft und begrüßten sich auf dem Schulhof mit dem Hitlergruß. Auf meinem Schulweg war auf Aufklebern zu lesen: »Ausländer raus, Deutschland den Deutschen« oder »Ja zur Todesstrafe«. Für mich war das bedrückend und merkwürdig. Wenn ich es heute aufschreibe, klingt es fast unwirklich. Wie konnte das sein? Wie kamen diese Menschen, wissend um die deutsche Geschichte, auf solche dunklen Pfade?

Einmal sah ich einen Infostand der NPD an der Hauptwache und ließ mich auf den Verteiler nehmen. Ich bekam also fortan Einladungen nach Hause geschickt. Der Höhepunkt war eine Einladung, wo mein Klassenkamerad Clemens über die Deutsche Frage in einem Bürgerhaus im Stadtteil Dornbusch referieren sollte. Ich ging natürlich hin, aber mit mir die halbe Klasse. Die Altnazis hatten schon Tränen in den Augen, dass die »jungen Menschen endlich wiederkommen«. Wir zerlegten dann aber kurzerhand die Veranstaltung. Doch damit ging das rechtsextreme Gedankengut ja nicht weg. Es hatte sich bei einem Teil der Bevölkerung festgesetzt und es wurde auch völlig offen damit umgegangen. Plakate der NPD bei den Kommunalwahlen gingen weit über die damals – was Ausländerfeindlichkeit anging –

auch nicht eben zimperliche CDU hinaus. Klapptische wurden auf die Straße gestellt und Flugblätter verteilt.

Mein Vater hatte seine Art damit umzugehen. Am späten Sonntagvormittag, wenn die Leute aus Bonames feingemacht vom Kirchgang kamen, ging er umher und riss die NPD-Plakate von den Laternen. Für manch kleinbürgerlichen Mitläufer ein Stil-Sakrileg. So sehr mich das später mich Stolz erfüllte, so sehr schämte ich mich als Kind für meinen Vater. Am Ende blieb aber die Erkenntnis, dass gegen die Nazis Widerstand Pflicht ist. Das Räuber-und-Gendarm-Spiel, das die Antifa und andere spielten, war nie meines. Die Radikalität, die imponierte mir zwar, aber was hat sie geändert? Die NPD wurde von den Republikanern abgelöst, diese dann wieder von der NPD und irgendwann tauchte die sogenannte Alternative für Deutschland auf, um gegen Minderheiten zu hetzen, den Ausländern (mal den Italienern, mal den Türken, neuerdings den Arabern) oder den Juden die Schuld zu geben an allem Unglück dieser Welt. Kein Grund, in Depressionen zu verfallen. Radikalität als Selbstzweck ist nicht meins. Radikalität braucht ein Ziel, was genau verändert werden soll.

So kommt es, dass ich mehrfach geprägt wurde. Durch die Sozialdemokratie, die sich 1959, da war ich kaum auf der Welt, mit dem Godesberger Programm eine Grundlinie gab, die bis heute trägt. Bildung muss kostenlos sein. Jeder muss die gleichen

Chancen haben. Demokratie und Teilhabe ermöglichen die Achtung der Menschenwürde und der Eigenverantwortung der Menschen. Wo die wirtschaftliche Macht von Unternehmen zu groß wird, sollten sie vergemeinschaftet werden.

Am Anfang des Programms heißt es:

»Die Sozialisten erstreben eine Gesellschaft, in der jeder Mensch seine Persönlichkeit in Freiheit entfalten und als dienendes Glied der Gemeinschaft verantwortlich am politischen, wirtschaftlichen und kulturellen Leben der Menschheit mitwirken kann. Freiheit und Gerechtigkeit bedingen einander. Denn die Würde des Menschen liegt im Anspruch auf Selbstverantwortung ebenso wie in der Anerkennung des Rechtes seiner Mitmenschen, ihre Persönlichkeit zu entwickeln und an der Gestaltung der Gesellschaft gleichberechtigt mitzuwirken.«

Die zweite Prägung lag familiär begründet. Meine Eltern erzogen mich dazu, Ungerechtigkeiten zu erspüren und gegen sie anzukämpfen. Dies wiederum war gespeist aus den Erfahrungen der Zeit der Nationalsozialisten, des Faschismus, des tödlichen Antisemitismus und des Holocaust. Alles daran zu setzen, dass so etwas nie wieder geschieht, hängt eng damit zusammen, die gesellschaftlichen Grundlagen zu schaffen, die Neid, Missgunst und Machtgefälle einschränkten – in dem alle Menschen die gleichen Voraussetzungen haben im Leben und niemand benachteiligt wird. Daher kam der Blick meines Vaters auf die Welt, der diese am liebsten auf den Kopf gestellt hätte. Und daher kam auch mein Blick auf die Welt, auch als meine Welt noch klein war und aus Frankfurt und aus diesem dörflichen Stadtteil an seinem Rande bestand: Bonames.

6. Bonames

In Bonames gab man sich schon immer die Ghetto-faust. Manche perfektionierten in den 1980ern aus-gehend von den Vorbildern amerikanischer Rapper noch komplizierte Begrüßungsformeln mit ihren Hän-den. Hätte man mir damals gesagt, dass die Ghetto-faust einmal die vorherrschende Grußformel bis hin zu Bankvorständen werden würde, hätte ich gesagt:

Träum mal schön weiter!

Vielleicht ist es eine Eigenart, doch ich versuche die Dinge immer ins Positive zu drehen. Noch in der ausweglosesten Situation. Auch das hat sicher-lich mit familiärer Prägung zu tun. Selbst im tiefsten Schatten ist doch immer Licht.

Bezogen auf die Corona-Pandemie, die die ganze Welt und Frankfurt als Weltstadt beutelte, kann man sagen, dass es dieser kleine Virus geschafft hat, die latente Gleichmacherei, die in Frankfurt ohne-hin schon immer populär war, noch weiter voran-zubringen. Die Ghettofaust ist allgegenwärtig und die Ausgegrenzten zeigen dieselbe Empathie wie jene aus der Mittel- und Oberschicht der Stadt. Azzis mit Herz, möchte man fast sagen, in Erinnerung an

Daniel Sahib und Don Bene, die aus Bonames und Ginnheim stammend ihr Musikprojekt so nannten.

Die Stadt repariert nach den harten Phasen der Pandemie grade etwas, für das sie schon immer eine besondere Wahrnehmung gehabt hat: Menschen sind nicht gleich, aber sie wollen *alle* mit demselben Respekt behandelt werden. Diese Lehre habe ich sicher aus Bonames mitgenommen. Und einen Auftrag. Ich bekam mit nur zwei anderen Jungs aus dem Jahrgang meiner Stadtteil-Grundschule die Chance aufs Gymnasium zu gehen, auch wenn ich damals noch den Umweg über die Förderstufe gehen musste. Drei Jungs. Mädchen waren eine noch viel größere Ausnahme. Das kann man sich heute eigentlich gar nicht mehr vorstellen. Es hat sich seltsam für mich angefühlt, plötzlich an einer Schule zu sein, in der die Eltern fast aller anderen Kinder Akademiker oder Beamte waren, Richterinnen und Ärzte und Bankiers und Lehrer. Dass sich darunter drei kleine Bonameser mischten, die in Hochhäusern aufwuchsen, in denen es manchmal laut war, in denen es manchmal Gewalt gab und nicht alles superschön und behütet war, war halt nicht so ganz vorgesehen. Da wurde natürlich nicht groß drüber gesprochen. Aber ich habe es gefühlt. Damals im Gymnasium habe ich es gefühlt und ich fühle es heute auch noch: Das Gefühl, nicht wirklich dazuzugehören.

Ich merkte aber auch, wie sich etwas ändert. Wie sich auch in vermeintlich schlechten Gegenden etwas ändern kann. Wie so oft führt der Weg über die Frauen. Die Großmütter, manchmal der deutschen Sprache nicht wirklich mächtig, die aber ein Verständnis von Ordnung, Sauberkeit und Regelbewusstsein aus ihren Heimatländern mit im Gepäck hatten und die nun darauf achteten, dass der Müll richtig getrennt wurde, die Fahrräder abends im Keller eingeschlossen wurden und nicht den Flur verstopften und die den Bengeln die Ohren langzogen, wenn die, sich selbst überlassen, die Siedlung unsicher machten. Da sind die Mütter, die meisten mit mehr als einem Job, die dafür kämpfen, dass ihre Kinder die bestmögliche Bildung und damit die bestmöglichen Chancen bekommen, es einmal besser zu haben als sie selbst – Einwanderer der ersten Generation, deren Abschlüsse in Deutschland nichts mehr galten. Welch eine traurige Vergeudung eigentlich, dass studierte Menschen zu Hilfsarbeitern degradiert werden, sobald sie eine Grenze übertreten. Und dann gab es hier und da Grundschullehrerinnen und Erzieherinnen in Kindergärten und Sozialarbeiterinnen, die Potential nicht an der Herkunft festmachten. Alles zusammengenommen sorgte dafür, dass heute nicht mehr zwei oder drei Jungs auf die höhere Schule dürfen, sondern die Mehrheit. In manchen Randbezirken Frankfurts haben teilweise deutlich über die Hälfte der Abiturienten einen internationalen Hintergrund.

Es hat sich also etwas geändert. Auch wenn es

lange so düster aussah. Das drückt eine Kraft aus, die ich so aus anderen Städten und Regionen in Deutschland nicht kenne. Wer sich engagiert, ist dabei. Das bedeutet aber auch: Die Grenzen des sozialen Aufstiegs werden nicht nur von unten durchbrochen, sondern auch von oben mit ermöglicht. Das bürgerschaftliche Engagement, das dieser Stadt so eigen ist, macht nicht an den Randbezirken Halt. Man kann da weit in die Frankfurter Vergangenheit gehen. Nur ein Beispiel: Die Polytechnische Gesellschaft hat nur kurz nach ihrer Gründung 1816 eine Sonntagsschule für Lehrlinge und Gesellen ins Leben gerufen, später eine Gewerbeschule und gehörte zu den Mitbegründern der Frankfurter Universität – und heute helfen die vielen Ehrenamtlichen der Stiftung mit, den Bildungsanspruch in die Viertel zu tragen, mit Stadtteilhistorikern oder dem Projekt Junge Paulskirche. Das ist keineswegs paternalistisch, sondern: »Frankfurterisch«, auf Augenhöhe.

Ich glaube, das ist mit ein Grund, warum man in Frankfurt so offen miteinander spricht. Die Respektlosigkeit ist ja nicht nur Leuten geläufig, die aus Bonames kommen. Es ist eine Frankfurter Eigenheit. Die wird bei jeder Gelegenheit gepflegt. Vom Kellner im Sachsenhäuser Apfelweinlokal Gemaltes Haus, der im Grunde schon Schnoddrigkeit auf der Stirn stehen haben muss, bevor er überhaupt eingestellt wird. Von den Jungs, die sich vor den Hochhäusern rumdrücken und um keinen dummen Spruch verlegen sind. Bis hin zu den Professoren, die mit den Talaren in den 1960er-Jahren auch den Mantel der Unfehl- und Unantastbarkeit ablegten und sich lieber in endlose Debatten mit ihren Studierenden einließen, als vom Katheder herab die einzige Wahrheit zu verkünden. Mit der Debatte nur unter seinesgleichen, mit dem Schütteln von Händen unter Gleichgesinnten kommt man hier nicht so weit wie mit einer gutplatzierten Ghettofaust, auch auf die Gefahr hin, dass man sich damit einer guten Dosis Realität aussetzt.

In Bonames bin ich aufgewachsen, an meine Geburtsstadt Helmstedt habe ich dagegen keinerlei Erinnerungen. Als ich zwei Jahre alt war, zogen meine Eltern nach Frankfurt – meinen Vater ereilte der Ruf, eine Erziehungsberatungsstelle für die jüdische Gemeinde aufzubauen. Damals war es modern, in die neuen Siedlungen zu ziehen. Es klang nach Zukunft, hohe Häuser und dazwischen viel Grün, an den Rand der Stadt gebaut, mit kühler Taunusluft getränkt. Was sollte schon schlecht daran sein? Von Trabantenstädten, Banlieues und Ghettos sprach man erst später, und dann auch erstmal die anderen, die diese nicht kannten. Bis die Rapper aus der Nordweststadt, aus Rödelheim oder vom Heisenrath in Goldstein ihre Herkunft zum Programm machten. Dabei war Bonames nie Ghetto und nie nur ein Dorf mit Fachwerkhäusern.

Wer sich von der Stadt aus dem Ortsteil nähert,

der findet einen verlassenen Flugplatz und dann tatsächlich Dorfschenken und Fachwerk und Handwerker und die Nidda, die hier noch verwunschener wirkt, weil sie an einigen Stellen komplett von verwilderten Büschen und Bäumen umgeben ist. Bonames wirkt dann wie ein Dorf, aber wer mit den Leuten dort spricht, der merkt, dass es Weltoffenheit in sich trägt, wie so viele Orte, die seit Jahrhunderten an alten Handelsrouten liegen und durch den stetigen Strom von Menschen aus aller Herren Länder geprägt wurden. Erst weiter oben, nach meinem Lieblingseiscafé Lido und nach der U-Bahn-Station, ist die Hochhaussiedlung auszumachen, in der auch ich meine Jugend verbrachte. Als ich Kind war, gab es die noch nicht so vollständig wie heute. Damals waren dort im Norden von Bonames lediglich die Reste einer alten Ziegelei, von den verlassenen Loren machten wir Kinder natürlich gleich Gebrauch. Als die neuen Hochhäuser kamen, war es eigentlich wie überall in Frankfurt: Die Einfamilienhäuser und der Ben-Gurion-Ring, das ging oft gut zusammen.

Die ehrlichen Sprüche der Alteingesessenen bringen mich auch heute noch zum Schmunzeln. Wohl wegen des Namensgebers der neuen Straße Ben Gurion nannten sie den Ententeich am Fuße der Hochhäuser »Totes Meer«. Und die Hochhäuser die »Golanhöhen«, die Schallschutzwand wurde zur »Klagemauer«. Wenn man das verschmitzte Augenzwinkern mitbedenkt, eigentlich nicht wirklich böse.

Wir zogen in eines der früheren Hochhäuser, nur vier Geschosse, wie abgeschnitten sieht es gegenüber den umliegenden Gebäuden aus. Meinen Eltern ging es nicht um neue Bürgerlichkeit, sondern als überzeugte Gewerkschafter da zu sein, wo ebensolch Gesinnte auch sind.

Es zeigte sich recht bald ein grundsätzliches, beinahe schon weltweites Problem von Stadtplanung in Metropolen. Zuerst werden die Hochhäuser hochgezogen. Das funktioniert noch gut, weil es Investoren gibt, für die sich das lohnt und weil es eine Nachfrage gibt, die schier unglaublich ist.

»Günstige Wohnungen in Frankfurt!« Sie können die Annonce noch nicht mal fertig tippen, da haben Sie schon hundert Interessenten. Aber dann kommt die Stadt nicht nach mit der nötigen Infrastruktur. Einkaufs- und Freizeitmöglichkeiten, Kindergärten, ein Bürgerhaus, vernünftige Schulen, eine schnelle Verbindung in die Innenstadt; das alles ließ auf sich warten und so manche frohgemute Familie zog enttäuscht wieder weg. Und dann? Begann eine Art Teufelskreis. Menschen mit weniger Einkommen rückten nach, was wiederum einige etwas Bessergestellte vergraulte. Und so ging es weiter, bis Bonames Ende der 1980er-Jahre zu jenem Stadtteil geworden war, den Journalisten gerne aufsuchten, wenn sie ihre Zuschauer und Leser etwas erschrecken wollten, wie schlimm es in Frankfurt angeblich sei. Ich kam damals, 1989, gerade ins Frankfurter Stadtparlament.

Als »Bonameser Jung«. Spezialgebiet: Sozialpolitik, na klar. Ich war noch Landesgeschäftsführer der Falken. Und wurde kurze Zeit später Leiter des Jugend- und Ausbildungszentrums Bonames-Am Bügel. Sechs Jahre war ich dann also am »Toten Meer« und an den »Golanhöhen« tätig, wieder Vollzeit zurück in »meinem« alten Stadtteil. Ich erlebte, wie die Politik dem Problem der Jugendkriminalität mit einem ganzen Heer von Sozialarbeitern beikommen wollte, einer davon war ich. Doch was nützt das, wenn die Jugendlichen spätabends nach Schließung der Treffs auf sich gestellt sind? Wirklich voran ging es erst, als sich die Dinge vernetzten. Als wir mit der örtlichen Polizei vertrauensvoll zusammenarbeiteten, die vorher auch schon mal eine Reiterstaffel vorbeischickte. Die Beamten hoch zu Ross machten Eindruck, aber eben nur kurzzeitig.

Heute gibt es in Bonames ein Stadtteilbüro mit hoch engagierten Mitarbeiterinnen und Mitarbeitern, es gibt das Jugendhaus und einen Schutzmann vor Ort, einen Polizisten, der die Probleme der Jugendlichen kennt und die schlimmere Klientel eben auch persönlich. Bonames taugt nicht mehr als Vorbild für ein deutsches Ghetto. Eher als Vorbild für einen Wandel und als Vorbild für Menschen, die sich nicht einfach abfinden und arrangieren mit der Lebenssituation, die sie vorfinden, sondern die sie besser machen wollen.

Das ist möglich. Mit ein bisschen Hilfe von außen.

Als es 2011 darum ging, wie ich meinen Wahlkampf zum Oberbürgermeister führen wollte, war
eigentlich klar, wie es gehen konnte und wohin er
mich führen musste: In die Hochhäuser, in die Siedlungen, kurzum: Dorthin, wo es Politiker nur selten
hin verschlägt.

7. Jüdisches Frankfurt

Als ich zum Oberbürgermeister gewählt wurde, spielte eine Sache in Frankfurt keine Rolle: Meine Mitgliedschaft in der Jüdischen Gemeinde. Das liegt nicht daran, dass hier das Unnormale das Normale ist. Sondern, dass es wirklich keine Rolle spielt. Ich habe in den vergangenen Jahren oft betont, dass es in Frankfurt keinen Platz für Antisemitismus, für Fremdenfeindlichkeit und Rassismus gibt. Ich wiederhole das nicht, um mein Publikum zu langweilen. Sondern weil dies ein Satz ist, den wir alle nicht oft genug sagen können. Für mich wird er auch nie langweilig. Denn er ist nicht bloße Selbstvergewisserung, sondern grenzt jene aus, die wir hier nicht haben wollen.

Denn natürlich gibt es auch in Frankfurt Antisemitismus, Fremdenfeindlichkeit und Rassismus. Wer wüsste das besser als ein Politiker mit jüdischer Gemeindemitgliedschaft, der mit einer Muslima verheiratet war?

Und natürlich ist Antisemitismus kein Privileg der Deutschen, auch wenn man leider sagen muss, dass sie den Antisemitismus gewissermaßen perfektioniert haben. Auch das wollen wir nicht vergessen, denn es ist ein Spiel der Rechten und Rechtsextremen, den Muslimen die Judenfeindlichkeit in die Schuhe zu schieben. Nein, Antisemitismus zieht sich durch die Gesellschaft und durch alle Schichten. Neben dem rechten Antisemitismus gibt es auch jenen von manchen Linken, etwa, wenn diese sich der Boykottbewegung gegen Israel anbiedern. Es gibt den der Gutsituierten, die einem Michel Friedman im Westend zurufen, was denn Rothschild und Goldman-Sachs da wieder mit der Finanzwirtschaft treiben. Und es gibt jenen Antisemitismus, der sich fälschlicherweise auf den Islam beruft und jenen, der mit jüdischen Stereotypen versucht Politik zu machen. Aber auf einer inhaltlichen Ebene finden diese substanzlosen Vorurteile in Frankfurt keinen Halt.

Es trafen hier immer wieder verschiedene Glaubensrichtungen aufeinander und es gab das Bewusstsein dafür, dass dies eben so ist. Das zieht sich in Frankfurt durch die Jahrhunderte seiner Geschichte.

Ein herausragendes Beispiel für den Pragmatismus, aber auch die Toleranz und Liberalität der Frankfurter Bürgerinnen und Bürger ist für mich der Dom. Als die Stadt protestantisch wurde, stellte man recht schnell fest, dass dieses ikonische Bauwerk dann kein Dom mehr wäre, sondern nur noch die Kirche des heiligen Bartholomäus. Viel zu kleinstädtisch und provinziell. Also machten unsere Vorfahren das einzig richtige und katholisierten die Umgebung des Doms und einige Gebiete in seiner Nähe schlicht wieder. Noch heute sind um den Römer und den Dom deswegen viele Verwaltungen und Institutionen der katholischen Kirche, wie etwa die Caritas, angesiedelt. Es ist so sensationell und »frankfurterisch«, wie pragmatisch man damals war.

Was mich an der Frankfurter Geschichte auch beeindruckt, ist die Verbindung mit dieser Zeit, mit Mainz, der Gutenbergbibel und dem Buchdruck. Angrenzend an den Römer und den katholischen Dombezirk wurde die Buchgasse eingerichtet, und dort wurden Bücher gehandelt aus dem Kurmainzer Gebiet, eine Achse, die von Aschaffenburg, über Frankfurt und Höchst bis Mainz reichte und eine Vorform der Buchmesse war, deren Geschichte mithin also weit über jene folgenreiche Neugründung nach dem Zweiten Weltkrieg in der Paulskirche reicht.

Als der Protestantismus seinen Siegeszug weiter fortsetzte, gingen von Frankfurt aus die Lutherbibeln durch das Land – im Schatten des katholischen Doms. Das Ökonomische, der Handel – solange er auf Basis von humanistischen Werten fußte – und die persönlichen Einstellungen der Menschen zur Freiheit waren in Frankfurt nie ein Gegen-, sondern immer ein Mit-, zumindest ein Nebeneinander. Von dieser generellen Offenheit und auch der Gastfreundschaft profitierten viele Glaubensflüchtlinge, von den Hugenotten bis eben nicht zuletzt auch den Juden, die immer nach einigen Jahren wieder zurückkamen, wenn man doch versuchte, sie aus dieser Stadt zu verdrängen.

Über 900 Jahre leben schon Juden in Frankfurt, länger als in den vielen anderen deutschen Städten. Aber bei den Pogromen machte Frankfurt leider keine Ausnahme. Traurigerweise wissen wir von jüdischen Mitbürgern im 12. Jahrhundert, weil solche Pogrome gegen die Gemeinde erwähnt werden. 1462 entsteht außerhalb der Stadt das Ghetto, wird für Jahrhunderte zum einzig möglichen Wohnort für die jüdische Bevölkerung – aber damit auch zu einem der kulturellen Zentren jüdischer Kultur in Europa.

Aber es gab eben auch schönere Happy Ends.

Als man in Frankreich den Gedanken der Säkularisierung auch in die Tat umsetzte, da wurde in Frankfurt während der französischen Besetzung die Stadtmauer abgerissen, womit auch die Grenze zum Jüdischen Viertel eingerissen wurde. Die Jüdinnen und Juden waren also fortan nicht mehr außerhalb der Stadt, sondern gehörten auch offiziell dazu. Die Kriegsbefestigung war gefallen, der Frieden hergestellt – und die Juden besiedelten nach und nach die gesamte Stadt, wurden nach und nach den übrigen Bürgerinnen und Bürgern rechtlich gleichgestellt. Das ist ein wunderbarer Dreiklang. Und es zeigte auch, dass die Frankfurter etwas aus der Vergangenheit gelernt hatten: Kriegspolitik, wie sie sich im Desaster gegen aufmüpfige Kronberger im Taunus zeigt, schadete der Stadt stets nur, der Frieden aber, das Einreißen von Mauern – auch denen in den Köpfen – sorgte für Prosperität und Wohlstand. Die jüdische Bevölkerung wuchs mit ihrem Mäzenatentum und mit ihrem kulturellen Reichtum zu einem der größten Förderer der Stadt heran, unterstützte den Bau von Parks und Krankenhäusern, der Universität und von Stiftungen, kurzum: Ohne sie wäre Frankfurt nicht Frankfurt. Auch aus religionstheoretischer Sicht entwickelte sich die Stadt im 19. und 20. Jahrhundert zu einem Zentrum, in dem liberale Strömungen der Religion ihren Platz fanden, die ihren Ausdruck unter anderem in der 1908 bis 1910 gebauten Westend-Synagoge fanden, heute das Zentrum der orthodoxen, aber auch jeglicher anderen Richtung des Frankfurter Judentums. Ein Glück, dass sie Nazizeit und Krieg weitgehend unbeschadet überstand. Ein Glück auch, dass es überhaupt einige Orte jüdischen Lebens heute noch gibt – wie etwa die Gedenkstätte am Börneplatz, die beinahe vollständig dem Neubau der Stadtwerke zum Opfer gefallen wäre, hätten nicht die Frankfurter dagegen opponiert.

Das zweite Happy End war die Rückkehr der jüdisch-sozialistischen Intellektuellen nach der Nazi-Zeit. Schillerndste Figur der damaligen Zeit und sicherlich einer der Bürger, denen Frankfurt nach dem Zweiten Weltkrieg mit am meisten verdankt, war der Generalstaatsanwalt Fritz Bauer, der die Auschwitzprozesse anstrengte, mit dafür sorgte, dass Eichmann in Israel vor Gericht gestellt wurde, der gegen viele Widerstände im eigenen Apparat, aber auch in der Breite der bundesrepublikanischen Bevölkerung jene zur Rechenschaft zog, die Nazis waren, die den Nazis gedient hatten, die sich schuldig gemacht hatten an Verbrechen gegen die Menschlichkeit.

Heute kann man in der Gedenkstätte des Frankfurter Konzentrationslagers Katzbach sehen, wie jene Unternehmer noch hofiert und mit Bundesverdienstkreuzen behängt wurden, die vom KZ und den Hunderten Toten dort direkt profitierten. Fritz Bauer stemmte sich gegen den Trend des Vergessens und entschied sich fürs Hinschauen und fürs Aufdecken und fürs Anklagen der Täter. »Man muss sich bewusstmachen, dass ja diese Prozesse nicht der Rache und Vergeltung dienen. Für uns ist hier der Gedanke entscheidend, im Prozess die Vergangenheit durchsichtig zu machen und einen Beitrag zur deutschen Geschichte zu leisten. Hierin liegt für mich der tiefe Sinn all dieser Prozesse.« So sagte Fritz Bauer.

Mit den Auschwitz-Prozessen, die im Saal des Stadtparlaments im Römer begannen, wurde auch der Grundstein gelegt für all die Fragen, die Kinder ihren Eltern und Großeltern stellten: Was habt ihr eigentlich in der Nazizeit gemacht? Das war die erste Aufklärung der Nachkriegszeit. Die zweite war jene der Frankfurter Schule, die sich in den Namen Adorno, Habermas, Marcuse und anderen manifestierte.

Obwohl es ein Happy End ist, macht es doch ein wenig nachdenklich, dass es letztlich überwiegend Juden waren, die in die jüdischste Stadt Deutschlands zurückgingen, dort den Bruch mit den alten Strukturen suchten und für ebendiese Aufklärung sorgten. Warum Frankfurt? Sicher haben viele Rückkehrer dem demokratischen Deutschland vertraut und dem Grundgesetz, das nun über allem schwebte und unveränderliche Rechte wieder festschrieb. Aber in Frankfurt gab es noch dazu den Schutz und die Kultur der US-Amerikaner, die hier ihr Hauptquartier bezogen hatten. Mit ihnen wurde auch der Jazz, der Swing, aus den Kellern in die Mitte der Stadt geholt, für den die Jugend in der Nazizeit noch von der Gestapo gejagt wurde, wie wir aus den Erinnerungen von Emil Mangelsdorff wissen.

Von Frankfurt geht der Antifaschismus aus, auch heute noch. Es tut gut, in einer Stadt zu leben, in der der Präsident unseres Fußballclubs Eintracht Frankfurt symbolhaft betont: »Es kann niemand bei uns Mitglied sein, der diese Partei wählt, in der es rassistische und menschenverachtende Tendenzen gibt«. So sagte Peter Fischer schon vor Jahren in einem Interview. Er bezog sich dabei wiederum auf die Geschichte, auf die Nazizeit, als die Eintracht-Spieler als »Juddebube« verunglimpft wurden – eine wahrlich dunkle Episode in der Geschichte der Stadt, die im Eintracht-Museum eindrücklich wiedergegeben wird.

Klar: Frankfurt ist nicht Israel. Aber es ist einer der wenigen Orte auf der Welt, an dem man eine jüdische Biografie haben kann, ohne ständig darüber nachdenken zu müssen. Nicht ständig daran zu denken, Jude zu sein, kann schon sehr entspannend sein – insbesondere, wenn man es anderswo anders kennt. Oder dann doch manchmal vereinzelt Leute einen daran erinnern. Wenn man also nicht nach Israel geht, dann geht man nach New York, Paris oder eben nach Frankfurt.

Bei vielen, die nach Frankfurt gingen, blieb der Gedanke, im Täterland lieber einen gepackten Koffer parat zu haben, sehr lange hängen. Auch meine Eltern spielten mit der Idee, es doch in Israel zu versuchen, sich dort ein anderes Leben aufzubauen. In einem Kibbuz am See Genezareth war für meine Mutter einmal sogar schon eine Stelle als Erzieherin im Kinderhaus gefunden, mein Vater hätte dort gerne eine psychologische Praxis eröffnet und seine entsprechenden Studien fortgeführt. Sogar die Frage, wie ich als Kleinkind dort betreut werden könnte, war schon erörtert worden. Letztlich blieb man in Deutschland – des Klimas, der Sprache, der Ausbildung wegen.

Aber ich bin überzeugt, dass das Deutsche – die Kultur, die Natur an Main und Rhein, die Wälder – etwas unglaublich Starkes hat. Warum sonst sollten Menschen in Tel Aviv eine Gruppe ehemaliger Frankfurter gründen, um ihrer Heimat nachzuhängen? Überhaupt zeigt die Partnerschaft zwischen Frankfurt und Tel Aviv, dass beide Städte sich so ähnlich sind und so viele Verbindungen haben, dass es sich für einen Juden wie mich hier wie dort wie Heimat anfühlt. Dort gibt es die Bauhaus-Kultur mit engen Verbindungen der Architektenszene nach Deutschland und Frankfurt, dort gibt es auch hohe Häuser und es gibt das »Lieblingshaus«, das genauso benannt zum Schauplatz der 40-Jahr-Feier der Städtepartnerschaft wurde, meine Vorgängerin Roth ist Ehrendoktorin der dortigen Universität und hat sich ebenso wie ihre Vorgänger Andreas von Schoeler, Volker Hauff und Walter Wallmann für ein enges Verhältnis mit Israel eingesetzt. In Frankfurt zählt die Jüdische Gemeinde mittlerweile wieder etliche tausend Mitglieder, gibt es ein fantastisch erweitertes Jüdisches Museum, wird gefühlt in mittlerweile jedem Restaurant Hummus serviert, die Stadt ist tolerant, lässig und reich an Kultur und Geschichte. Nur einen Nachteil gibt es, das lässt sich nicht leugnen: Wo Frankfurt am Main liegt, liegt in Tel Aviv ein Meer ... kleiner, feiner Unterschied.

Dass die Herzen vieler Auswanderer an Europa, an Deutschland hingen, wurde für mich immer wieder im kürzlich leider geschlossenen Café Mersand deutlich, einem Kaffeehaus in Tel Aviv, das mit seiner Einrichtung, mit seiner ganzen Art auch hier in Frankfurt hätte stehen können und von den 1960er-Jahren an Treff der deutschsprachigen Jeckes war.

Ich bin froh, dass sich meine Eltern einst für Frankfurt entschieden haben, dass mein Vater damals den Ruf der Zentralwohlfahrtsstelle der Juden nach Frankfurt annahm, um hier die jüdische Erziehungsberatungsstelle aufzubauen, einen Beruf, dem er nachging, bis er 74 Jahre alt war.

Ja, ich bin wirklich sehr froh. Frankfurt hat eine hohe Akzeptanz für Vielfalt. Das hört sich so einfach an und so selbstverständlich, aber das ist es nicht. Kann man vielleicht eher verstehen, wenn man es mal anders erlebt hat. Hier leben Menschen aus über 180 Nationen, die über 200 Sprachen sprechen, zusammen – und das friedlich. Es ist das Gegenteil von Babylon. Es ist eine Stadtgesellschaft, die unterschiedlichste Denkschulen, Ethnien, Religionen, Meinungen unter einen Hut bekommt. Und das kann man als Mitglied einer jüdischen Gemeinde gar nicht hoch genug schätzen. Das Judentum hat seit der Zerstörung des zweiten Tempels im ersten Jahrhundert nach Christus eben keinen fixen Ort mehr, es ist trotz der Wertschätzung Israels verstreut über die ganze Welt. Und der Ausgrenzung, auch um dieses Vorurteil aufzuheben, sind die Jüdinnen und Juden begegnet, wie viele andere Minderheiten auch: Im Willen, dazuzugehören, im Willen, gesellschaftliche Anerkennung zu finden, mussten sie besser sein und mehr machen als die durchschnittliche Bevölkerung. Sie mussten sich beweisen und sie wollten es der Mehrheit beweisen, was sicherlich erklärt, warum so viele die Wissenschaft suchten oder im Bankenwesen so erfolgreich waren oder die Bühne des Showbusiness suchten. Es geht darum, dazugehören zu wollen. Und wenn man es ihnen in vielen Bereichen versagt oder ihnen Steine in den Weg legt, dann sind Minderheiten zu großen Dingen fähig.

Und Frankfurt ist wie ein Ausrufezeichen für gelebte jüdische Werte, für gelebtes Judentum.

Man weiß: In Deutschland kann man nie sicher sein. Es gibt immer ein Restrisiko. Aber man weiß auch: Frankfurt ist sicher. Ich bin sicher: Frankfurt ist noch nicht auf dem besten Weg zum Großstadt-Kibbuz.

Aber in Frankfurt ist kein Platz für Antisemitismus, für Fremdenfeindlichkeit und Rassismus.

Das kann man nicht oft genug sagen, in Gedenken an Fritz Bauer. Der brachte es auf den Punkt, so ambivalent und nachdenklich und gleichzeitig so klar, dass es für sich steht: »Nichts gehört der Vergangenheit an. Alles ist Gegenwart und kann wieder Zukunft werden.«

8. Plötzlich an der Spitze

Sprechen Sie mir nach:

»Guten Tag, mein Name ist Peter Feldmann. Ich möchte mich Ihnen gerne als nächster Oberbürgermeister vorstellen.« »Guten Tag, mein Name ist Peter Feldmann. Ich möchte…«

Und jetzt sagen Sie diesen Satz noch ungefähr 12 000 Mal.

Drücken vorher auf Klingeln, gehen davor in eine Siedlung abseits des Zentrums der Stadt. Versuchen, ins Gespräch zu kommen. Ist das schön? Ich sage Ihnen, es ist schön. Gerade weil nicht alles schön ist. Im besten der nicht so schönen Fälle öffnet man ihnen einfach die Tür nicht. Oder knallt sie gleich wieder zu. In den schwierigeren Fällen werden Sie beschimpft: Ihr Politiker seid doch alle gleich. Aber immerhin ist da die Hoffnung: Wenn wir alle gleich sind, warum stehen dann manche vor Wohnungstüren in schlecht beleuchteten Fluren, um sich so etwas anzuhören – oder miteinander ins Gespräch zu kommen.

Im allerbesten Falle aber verspricht man der türkischstämmigen Familie, noch auf einen Chai vorbeizukommen nach der Tour, erfährt dort, dass die

Autos vor dem Hochhaus zu schnell fahren und man ein bisschen Angst hat, die Kinder alleine draußen zu lassen, erfährt, dass der Hausmeister hier auf alles ein Auge hat und es schade wäre, wenn die Wohnungsbaugesellschaft ihn abziehen und durch ein Subunternehmen ersetzen würde, das mit einer Hotline darauf wartet, dass jemand anruft und dann jemand rausfährt, um die Glühbirne zu wechseln, und sofort wieder weg ist und keiner hat es gemerkt.

Mein Wahlkampfteam und ich, wir drückten im Winter 2011/2012 auf viele Klingeln. Wir versprachen, wiederzukommen nach meiner Wahl. Wir hinterließen kleine Flugblätter mit den aus meiner Sicht fünf wichtigsten Themen für die Stadt. Auch jetzt, über zehn Jahre später, sind dies noch immer meine wichtigsten Themen:

1. Abschaffung von Kinderarmut und kostenlose Kinderbetreuung,
2. Preiswerte Wohnungen,
3. Internationale Beziehungen ausbauen,
4. Fluglärm reduzieren,
5. Eine Stadt für alle – auch für die Seniorinnen und Senioren – schaffen.

Im November 2011 kündigte Petra Roth an, ein Jahr früher zu gehen. Schon im Sommer 2012 sollte Schluss sein. Das brachte das sorgsam geplante SPD-Programm ein wenig ins Schlingern. Noch nämlich war der Vorwahlkampf nicht vorbei, noch war nicht klar, wer als Kandidat antreten sollte: Michael Paris oder ich.

Im August 2011 hatten wir beide begonnen durch die Partei zu tingeln, uns den Fragen der Ortsvereine zu stellen; Mitte Dezember 2011 stand das Ergebnis fest. Einige Monate früher als ursprünglich geplant.

53 Prozent der abgegebenen Stimmen entfielen auf mich. Das hat viele überrascht. Mein Gegenkandidat hatte die Medien wissen lassen, dass sich die Frage meiner Kandidatur als Oberbürgermeister überhaupt nicht stelle. Und ansonsten hörte ich von vielen in der Partei nur: Peter, lass es, das wird nichts. Gut, dass ich nicht auf sie gehört habe. Aber den Spruch, den sollte ich bis zu meiner Wahl noch häufig hören.

In der Partei knapp gewonnen zu haben, war eines nicht: ein Glanzsieg. Und mit ihm verbunden war die Herausforderung, die SPD wieder zu einen. Wer die SPD kennt, weiß, dass das nicht so wirklich einfach ist. Man könnte auch sagen, es ist ein Himmelfahrtskommando. Insbesondere, weil die hessische Parteiführung es schon schlimm fand, dass überhaupt zwei Kandidaten aus Frankfurt miteinander gerungen hatten – lieber wäre ihnen ein Kandidat von außen gewesen, einer mit echten Chancen auf den Oberbürgermeisterposten eben. Jemand mit Charisma und einem Namen und einem Bundestagsmandat im Rücken oder einem Ministerposten.

Im Nachhinein machte die CDU uns mit ihrem Kandidaten Boris Rhein ein Geschenk. Gegen jemand vom Schlage einer Petra Roth wäre uns der Sieg wohl nicht geglückt. Dazu kam auch eine gewisse Großmäuligkeit der beiden Männer an der Spitze der Frankfurter CDU. Kandidat Rhein sagte: »Das Kandidatenschaulaufen überlassen wir gerne der SPD.« Und sein interner Konkurrent Uwe Becker assistierte: »Die anderen sind unsortiert, wir sind handlungsfähig.« Nun ja.

Petra Roth hatte die Gabe, mit ihrer Führung der schwarz-grünen Koalition die Mitte der Gesellschaft hinter sich zu vereinen. Sie war eine liberale Politikerin, eine, die konservative Positionen vertrat, aber im Sinne der Stadt Frankfurt handelte. Sie war ein Vorbild für Frauen in der Politik und ein Vorbild für alle, die an ein sozialpolitisches Herz in der CDU glauben. Ihr ist es zum Beispiel auch zu verdanken, dass es eine staatliche Heroinvergabe in Frankfurt und in anderen Städten in Deutschland gibt – bis heute ein Segen für die Menschen, die nicht von harten Drogen loskommen und dank dieses Programms nicht mehr im Teufelskreis aus Beschaffungskriminalität und Verarmung hängen.

Ein bisschen schade, dass es nach wie vor nur ein Modellprojekt ist – aber mehr war mit der Bundes-CDU damals wohl nicht drin. Nun liegt die Hoffnung von Städten wie Frankfurt auf der neuen Berliner Koalition und ihrer angekündigten liberaleren Drogenpolitik. Ohne den Bund und das Land Hessen kommt eine Stadt wie Frankfurt nicht wirklich voran im Bahnhofsviertel. Leider.

Boris Rhein war wie gesagt von einem anderen Schlag als Petra Roth. Als Innenminister vertrat er, wie es in Hessen bis heute Usus ist, die harte Linie: Ausländer werden abgeschoben, die Polizei macht nie etwas falsch und die Bürgerinnen und Bürger sind grundsätzlich verdächtig, weswegen es unbedingt mehr Überwachung braucht. Und von seinem Posten als Frankfurter Wirtschaftsdezernent blieb, dass unter seiner Regentschaft die Frankfurter Börse zur Eschborner Börse wurde.

Kurzum: Ein idealer Gegner in einer Stadt wie Frankfurt, die mehrheitlich liberal eingestellt ist.

Viel Zeit für den Wahlkampf blieb allerdings tatsächlich nicht. Eigentlich nur die Zeit von Januar bis März 2012. Weswegen mich der Vorwurf, ich hätte meinen Job bei der Arbeiterwohlfahrt für den Oberbürgermeisterwahlkampf einzig für Wahlkampfzwecke bekommen, immer sehr geärgert hat – als ich ihn antrat, war Petra Roth noch fest im Sattel. Dennoch schafft es die Unterstellung immer wieder in die Medien – und sogar zu *Wikipedia*. Aber zu diesem meinem Job später mehr.

Im Januar 2012 jedenfalls, als der Wahlkampf losging, war ich der Außenseiter. Mit mir konkurrierten die Grünen, die Linken und 7 weitere Kandidaten um die Stichwahl. Dass es Boris Rhein dahin locker schaffen würde und natürlich noch viel weiter, war unter vielen Journalistinnen und Journalisten ausgemacht – und auch in der Partei glaubten viele nicht, dass der Sieg gelingen könnte. Bis auf mein Wahlkampfteam, viele von ihnen arbeiteten später auch in meinem Büro. Der Kampf gegen so viele Gegner aus den anderen Parteien, aber auch aus der eigenen, hat uns zusammengeschweißt. Es schien mir möglich, es zu schaffen. Aber wie es gelingen könnte, war mir nicht klar. Immerhin hatte die CDU vor der Wahl nicht nur Auftritte von Ministerpräsident Bouffier, sondern auch einen von Bundeskanzlerin Angela Merkel in Frankfurt geplant. Die SPD zog Peer Steinbrück an Land für einen Abend im mittlerweile untergegangenen Club Living XXL. Aber vielleicht war das gar nicht so das Entscheidende.

Die entscheidenden Termine hatten mein Team und ich nicht in den 500 Metern um den Römer herum. Wir waren in Altenheimen und Jugendzentren (ja, auch in dem Jugendzentrum in Bonames), wir waren in Hochhaussiedlungen und in den Wohnzimmern von Menschen, die gefühlt direkt unter der Landebahn wohnen. Überall dort, wo Menschen sind, die nicht zufrieden sind. Und von solchen Gegenden gibt es in einer Stadt wie Frankfurt etliche Gegenden – obwohl die Stadt so reich ist, dass sie das Potential hat, Dinge zum Besseren zu wenden. Die Frage, wo denn bitte schön das ganze Geld für günstige Wohnungen, kostenlose Kitas und billigere Tickets für Bus und Bahn herkommen sollte, wurde mir natürlich so ziemlich an jedem zweiten Tag gestellt. Aber wer in die Siedlungen geht, wer Flughafen-Kritikern zuhört, wer Erzieherinnen zuhört oder Lehrern an Schulen, der erfährt nicht nur viel über diese Stadt – er bleibt auch in Erinnerung. Und das konnte gegen diesen omnipräsenten Innenminister ja nicht schaden. Am 11. März 2012 stand fest: Boris Rhein kommt mit 39 Prozent in die Stichwahl, ich mit 33. Wenn ich mir die Fotos von damals anschaue, sehe ich überall ziemlich lange Gesicht außer bei der SPD. Mit diesem Ergebnis hatte kaum einer gerechnet. Nun galt es die Grünen-Wähler zu überzeugen, deren Partei in Frankfurt mit der CDU koalierte. Daniel Cohn-Bendit hatte schon direkt nach der Kandidatur Boris Rheins mitgeteilt, dass er ihn für indiskutabel hielt. »Alles, was ich von ihm höre, zeigt mir, dass er ein stockkonservativer Mann ist. Innerhalb der CDU steht er für mich genau am entgegengesetzten Partei-Spektrum zu Petra Roth. Wenn sie mich fragen, ob ich dafür bin, dass Boris Rhein Oberbürgermeister wird, dann sage ich ganz klar: Nein!« So sagte es Cohn-Bendit bereits im November 2011 dem *Journal Frankfurt* – und bekräftigte es vor der Stichwahl nochmal deutlicher und in einer gemeinsamen Pressekonferenz mit mir. Das war schon mal gut. Ich war so dankbar.

Ein anderer Sponti, nämlich der Varieté-Direktor Johnny Klinke, ließ dagegen Anzeigen in der *FAZ* drucken, in der er zur Wahl von Boris Rhein aufrief. Und auch die Frankfurter Grünenspitze schien ganz vernarrt in den CDU-Rechtsaußen. Am Wahlabend ließen sich die Spitzenpolitiker der Partei höchstens noch dazu hinreißen, zu sagen, ein Oberbürgermeister brauche auch eine Mehrheit im Parlament. Einige Tage später sagten der frischgebackene grüne Bürgermeister Olaf Cunitz und Bildungsdezernentin Sarah Sorge, dass sie für Boris Rhein stimmen würden.

Doch das war die Spitze der Partei – und die war eher auf möglichst geräuschloses Regieren ausgerichtet. Deswegen nahm sie auch schon den Kandidaten der CDU in Schutz, als dieser sich gerade erst in die Öffentlichkeit begeben hatte. Der sei gar nicht rechtskonservativ, beteuerten die Grünen im Römer. Nun, die Wählerinnen und Wähler sahen es offenkundig anders. Ebenso wie es Rhein auch nicht gelang, die bürgerlichen Flughafenkritiker mit auf seine Seite zu bringen. Am Ende reichte es jedenfalls für ihn nicht. 57,4 Prozent der Stimmen gelang es uns zu holen.

Damit endeten 17 Jahre, in denen Petra Roth den Oberbürgermeister-Posten dreimal verteidigt hatte. Damit begann wieder eine sozialdemokratische Periode. Und wie ich hoffte, eine Zeit, in der wir versuchen würden, die Stadt ein wenig sozialer zu machen.

Der Wahlabend, jener Abend des 26. März 2012, war wie ein Rausch für mich. Und für meine ganze

Partei wahrscheinlich auch. Da war sie, die Einigkeit der SPD. Thorsten Schäfer-Gümbel, der mich – sagen wir's diplomatisch – nicht immer mit voller Kraft unterstützt hatte, trat vor Journalisten und sagte: »Ich bin der Architekt dieses Wahlkampfes!« Politik ist schon interessant. Aber das spielte alles überhaupt keine Rolle. Wir feierten nicht weit vom Römer entfernt. Der *Hessische Rundfunk* berichtete:

»Feldmann selbst war aus dem Häuschen: ›Das ist der absolute Hammer. Ich habe damit nicht gerechnet. Damit hat – mit Verlaub – gar niemand gerechnet‹, sagte er mit seiner vom Wahlkampf immer noch hörbar angeschlagenen Stimme. Der neue Rathauschef bedankte sich bei seiner Partei, aber auch bei Grünen, Flughafenausbaugegnern, Piraten und Gewerkschaften. ›Vor zwölf Monaten hätte niemand daran geglaubt‹, kommentierte er den Wahlsieg. Es sei nicht um seine Person gegangen, sondern um seine Themen, sagte der 53-Jährige, bevor er sich in Richtung Römer verabschiedete: ›Ich gehe jetzt mal da rüber und erschrecke die anderen.‹«

Ja, so war es auch. Aber eine, die sich nicht erschrecken ließ, war Petra Roth. Sie fand nur gute und aufmunternde Worte für mich, auf den Fotos und Filmaufnahmen von jenem Tag sieht sie auch irgendwie erleichtert aus. Und sie wurde mir in den kommenden Wochen nach der Wahl und in beiden Amtsperioden zu einer guten Ratgeberin. Ich bin ihr dankbar für die professionelle und saubere Amtsübergabe und für die vielen Gespräche, die ich damals und seither mit ihr haben durfte.

Am 1. Juli 2012 trat ich mein Amt an. Mit einem Team aus vielen Vertrauten und manchem Freund, mit viel Energie und – ja so ehrlich muss man auch sein – nicht viel Ahnung, wie man so einen Job überhaupt macht.

Die Aufregung, die Euphorie der Wahlnacht waren jedenfalls nicht wirklich verflogen. Aber wir standen nun vor dem Problem, Wahlversprechen einzulösen, ohne eine Mehrheit zu haben.

Das ist so eine Eigenheit der Direktwahl des Oberbürgermeisters in Hessen. Als Oberbürgermeister ist man Erster unter Gleichen im Magistrat. Hat also erstmal nicht mehr Macht als die anderen Dezernenten dort. Nicht mal eine Richtlinienkompetenz. Und alle wichtigen Entscheidungen, die man trifft, müssen durch das Stadtparlament. Und dort wie hier regierten CDU und Grüne.

Das einzige scharfe Schwert, das ein Oberbürgermeister hat, ist den anderen Kompetenzen zu- oder abzusprechen. Davon hatte Petra Roth auch ab und an Gebrauch gemacht. Etwa, indem sie die Sauberkeit der Stadt zur Chefsache erklärte. Oder einen FDP-Mann zum Beauftragten für Infrastruktur zurechtstutzte (böse Menschen verkürzten dies noch weiter auf: Kanalisation).

Aber das kann man ja auch nicht alle Tage machen. Wie regiert man dann also sonst gegen eine solche Mehrheit? Wir machten das, was wir im Wahlkampf versprochen hatten:

Wiederkommen. Und noch genauer zuhören.

Am 31. Juli 2012 stand ich wieder im Ben-Gurion-Ring und klingelte an Haustüren. Ging es im Wahlkampf unter anderem um die Abwendung des Verkaufs der Nassauischen Heimstätte und um kostengünstigere Mieten, hatte ich diesmal vor allem einen Dank im Gepäck – und neue Visitenkarten. Und ungefähr 30 Journalisten, mit Blöcken und Kameras. Ein Oberbürgermeister, der direkt nach der Wahl weiter Wahlkampf macht? Gute Story anscheinend.

Aber es ging vor der Wahl nicht um Wahlkampf und es ging jetzt nicht um Wahlkampf. Es ging darum, Versprechen einzulösen. Und eines dieser Versprechen war: Ich komme wieder, wenn ich gewählt bin. Einmal im Monat ein Firmenbesuch, einmal im Monat ein Schulbesuch und einmal im Monat ein Hausbesuch. Das habe ich bis heute durchgehalten. Denn: Als Oberbürgermeister braucht man Verbündete. Als sehr linker Oberbürgermeister gegen eine grün-konservative Mehrheit erst recht. Die Gewerkschaften waren schon immer gute Verbündete. Die Flughafen-Kritiker sind es. Die Arbeiterinnen und Arbeiter, die zahllosen Angestellten in einer Stadt wie Frankfurt sowieso. Und die Menschen in Hochhäusern wie in Bonames sind es auch.

Drei Dinge

Die Verbündeten braucht man insbesondere, wenn man keine Mehrheit in der Stadtregierung hat.

Aber eigentlich auch, wenn man sie hat.

Dazu drei kurze Erklärungen.

Im Wahlkampf stand ich zum Beispiel Uschi Fechter gegenüber. Sie trat für die Flughafenausbau-Gegner als Oberbürgermeister-Kandidatin an. Und sie stand für die zahlreichen Bürgerinitiativen im Frankfurter Süden, die erst gegen die Nordwestlandebahn und für ein lückenloses Nachtflugverbot kämpften. Und es im Übrigen heute noch tun. Den Bürgerinitiativen bot ich an, im Falle meiner Wahl das Thema Fluglärmschutz zur Chefsache zu machen. Und ich versprach – genau – wiederzukommen in den lärmgeplagten Süden. Und die Bürgerinitiativen wiederum in den Römer einzuladen. In den Kaisersaal natürlich.

Dort hatte ich im Wahlkampf sogar bei einem Ehepaar übernachtet. Keine schöne Erfahrung. Also die Leute waren wahnsinnig nett und gastfreundlich, aber mitten in der Nacht mehrfach aus dem Schlaf gerissen zu werden, das verzeiht man nur eigenen, neugeborenen Kindern. Aber dem Flughafen? Mir war es wichtig zu spüren, wie es sich anfühlt, dort zu wohnen und um 5:00 Uhr zu »schlafen«.

Wahlkampfgetöse, sagten damals meine politischen Gegner. Übrigens zu jedem meiner Themen. Und heute hört sich die Kritik ganz ähnlich an. Von Populismus ist dann die Rede. Oder davon, ich nutzte solche Termine zur eigenen PR. Klar, dass ich es anders sehe. Aber der Anspruch war, das Amt zu nutzen, um denen eine Stimme zu geben, die keine haben. Oder nur eine leise.

Beim Flughafenausbau werden die Argumente schnell auf schwarz und weiß gestellt. Wer den weiteren Ausbau kritisiert, dem wird vorgeworfen, 100 000 Arbeitsplätze in Frankfurt zu gefährden. Nicht ganz einfach, dagegen zu argumentieren.

Dieselben Menschen, die mich dafür kritisierten, dass ich nur hohle Wahlversprechen machen würde, kritisierten mich dann auch dafür, dass ich sie wahrmachte. Nun, das gehört zum politischen Geschäft. 2015 waren die Bürgerinitiativen im Kaisersaal, auf dem Podium der Hirnforscher Wolf Singer, der Kardiologe Thomas Münzel und eben jene Uschi Fechter. Der CDU-Chef Uwe Becker, wir werden noch von ihm hören, nannte das eine Farce und sprach davon, dass ich meine Pflichten vernachlässige, Politik zum Schaden der Stadt betreibe und – man ahnt es schon – die Arbeitsplätze am Frankfurter Flughafen gefährde.

Das ist so der Sound, der meine Arbeit von Anfang an begleitete. Egal, was ich tat, wen ich einlud, wen ich traf, die CDU, die FDP, manchmal auch die Grünen – sie sprachen im Brustton der Überzeugung davon, dass ich dieser Stadt schade. Ein Satz, den auch der eine oder andere Journalist wie selbstverständlich seit Jahren in seine Kommentare übernahm.

Die Menschen aber, um die es ging, fühlten sich teilweise zum ersten Mal überhaupt von der Politik gehört. Ich wollte, dass sie sahen, dass es nicht bei bloßen Versprechen blieb. Im Jahr 2016 bekam die Stabsstelle für Fluglärmschutz ihren Platz in der Stadtverwaltung und ihren Platz im Römer. Ein bundesweites Novum – und ein Vorbild.

Das zweite Beispiel führt in die Frankfurter Schulen und ein Bildungssystem, dass zu den besseren der Welt gehört, dessen Ausstattung aber irgendwo in den 1970er-Jahren steckengeblieben zu schien. Das zu ändern, allein auf einer kommunalen Ebene, ist schwierig. Aber oft sind es Bilder, die etwas verändern. Einmal stand ich in einer Schule, in der einsturzgefährdete Decken mit Metallstangen notdürftig gestützt waren. Die Wände faulige und stinkende Löcher hatten. Für die Gebäude ist die Stadt zuständig – und das Ressort befand sich seit über 20 Jahren in den Händen der Grünen. Wer Kinder in Frankfurt auf der Schule hatte, wusste, dass dort nur der Mangel verwaltet wurde. Ich stand also mit dem Direktor in besagtem Raum, vor mir ein paar Medienleute, griff in die Wand und hatte prompt übelriechendes, schmutziges und schleimiges Material an meinen Händen. Die Kameras klickten, der öffentliche

Druck stieg, es gab Demonstrationen und bald kam die schwarz-grüne Koalition nicht umhin, ein Millionenprogramm für den Schulbau zu verabschieden. 100 Millionen Euro war die Forderung der SPD. Und so kam es dann auch. Eine hohe Summe. Heute sehen wir, dass sie nur ein Tropfen auf den heißen Stein ist bei Hunderten vernachlässigten Schulgebäuden und dutzenden neuen Schulen, die gebaut werden müssen, um der steigenden Bevölkerungszahl in Frankfurt gerecht zu werden. Aber es war ein Anfang.

Zurück zu den Hochhäusern und den Klingeln und zur dritten Begebenheit, die mich erst verwundert hat und dann darin bestärkt, dass es so vielleicht funktionieren könnte. Im Wahlkampf gingen wir unter anderem in Häuser der Nassauischen Heimstätte, einem staatlichen Wohnungsbaukonzern, an dem das Land und die Stadt beteiligt sind – und der als Tafelsilber immer mal wieder in Gefahr kam, privatisiert zu werden. Dabei ist das für eine Großstadt der Worst Case. Private Wohnungskonzerne erhöhen die Miete, dadurch steigt der Mietspiegel und sie können die Miete noch mehr erhöhen. Klassischer Teufelskreis. Wir sammelten also Unterschriften gegen den Verkauf, und als der dann schließlich vom Tisch war, bedankten wir uns bei den Mieterinnen und Mietern persönlich für ihr Engagement und das enorme Durchhaltevermögen.

Wer den Mietspiegel geringhalten will, der muss

auch an den städtischen Wohnungsbaukonzern ran, die ABG. Zehntausende Wohnungen befinden sich in ihrem Besitz und natürlich machte sie absehbar ordentlich Gewinn. Der Vorschlag war nun also, die Mieten, wenn schon nicht zu senken, so doch ihren Anstieg zu stoppen. Auf höchstens ein Prozent im Jahr. Ein juristischer Kniff, denn die Hausbesitzer kündigten Klagen an, falls die ABG die Mieten komplett einfrieren würde – und diese weiter Teil des Mietspiegels bleiben würden. Ist ja auch logisch: Wenn der Mietspiegel nicht steigt, können die Mieten nicht erhöht werden. Willkommen im Kapitalismus. Und in einer Stadt wie Frankfurt, in dem normale Leute sich nur schwer eine Wohnung leisten können, denn auch die staatlichen Wohnungen sind nicht eben günstig.

Die Reaktion von CDU und Grünen auf den Vorschlag klingt wie aus dem Lehrbuch für Grundbesitzer: Geht nicht, die ABG bringt sich in Gefahr; sie geht pleite!?

Der damalige grüne Fraktionschef Manuel Stock warnte: Hände weg! Die CDU sprach von politischer Verantwortungslosigkeit. Und dann gab es da noch ein Gutachten der Kanzlei Freshfields Bruckhaus Deringer. In Auftrag gegeben von der AGB. Es kommt zum Schluss: Mieten einfrieren, das geht nicht. Zeitungsartikel in der konservativen Presse beginnen also fortan mit den Worten: »Trotz der Warnung von Juristen will die SPD und ihr Ober-

bürgermeister nach wie vor die Mieten einfrieren.«
Doch diese Lesart ändert sich bald. Der Bielefel-
der Professor, auf dessen Expertise sich die Kanzlei stützt, distanziert sich dann aber recht bald von
den Schlussfolgerungen. Und SPD-Chef Mike Josef
frohlockt: »Das schwarz-grüne Lügengebäude fällt
zusammen.«

Heute stellt den Mietpreisstopp bei der ABG niemand mehr in Frage. Auch die Gewinne beim Wohnungsbaukonzern sprudeln weiter. Und gebaut wird
auch wieder – auch Sozialwohnungen. Leider nicht
so viele, wie nötig wären. Es gibt also noch einiges
zu tun. Wie das gehen kann? Mit dem Klingeln an
Haustüren vielleicht. Kommunalpolitik lohnt sich.
Hat sich auch für die SPD gelohnt. Seit 2016 ist sie
wieder Teil der Regierung. 2018 wurde ich wieder-
gewählt. Unter anderem wegen dieser Themen – und
diesen kleinen Erfolgen. Ich nenne sie kleine Erfolge,
weil Politik manchmal nur sehr langsam voran-
schreitet. Insbesondere, wenn man selbst denkt, dass
der Weg, der zu gehen wäre, doch logisch und klar
ist. Andere Politikerinnen und Politiker, andere Parteien denken das von ihrem Programm ja auch. Und
so wird es manchmal doch recht unangenehm.

9. Viele Wahlen, viele Hochhäuser

Eine Sache habe ich nie wirklich verstanden: Warum es jemanden in den Bundestag zieht oder den Landtag. Wie mir sowieso auch eine bundesweite Bekanntheit nie erstrebenswert schien. Ich wollte lieber in Frankfurt bleiben. Die Änderungen im Alltag spüren, Änderungen auslösen... Haptik und Emotionalität bei dem Umstürzen sozial ungerechter Verhältnisse.

Über den Rat der Jüdischen Gemeinde hatte ich schon berichtet. Da lernte ich schon mal, Plakate in eigener Sache zu machen und viele überzeugen zu müssen, die mir gleichgültig oder im ersten Moment sogar ablehnend gegenüberstanden. Und wir Aufbegehrenden, die unbedingt in diesen Rat wollten, hatten anfangs starke konservative Gegner wie Ignatz Bubis. Es funktionierte trotzdem und zum Glück. Denn auch in der Gemeinde sollte man ein paar Dinge aufbrechen, meinten wir damals. Aber später auch Kooperation auf Basis gegenseitigen Respekts und gemeinsamer Ideen wie die eines jüdischen Gymnasiums für Frankfurt im Philanthropin.

1989 wurde mein politisches Feld auch ganz offiziell und nach außen hin die Lokalpolitik, ich wurde in die Stadtverordnetenversammlung gewählt. Gewissermaßen kam dort alles zusammen. Mein Vater, der mir ein sozialistisches Wertekonzept aus säkulärer Perspektive mitgab, mein eigener Glaube an Gott, der mich enger an das Judentum und die Gemeinde band – und schließlich zur Überzeugung gelangen ließ, dass der Sozialismus auch keine so neue Erfindung ist, sondern in den Religionen seit Jahrtausenden verankert liegt. Und: Nicht nur für mich war die Zeit reif für radikalere Sozialpolitik, sondern auch für Frankfurt. Es war eine gute, eine spannende politische Zeit. Denn im Parlament hatte eine kleine Revolution stattgefunden.

Es war die Zeit der ersten rot-grünen Regierung, das Ende der Ära von Walter Wallmann und Wolfram Brück. Der Beginn von etwas Neuem lag in der Luft. Ich genoss die ersten Auftritte in Ausschüssen, wie jenem für Soziales, ich hatte das Gefühl, in der Fraktion hier und da kleine Akzente setzen zu können. Vor allem aber zog ich meine Motivation aus den kleinen Errungenschaften, die in Frankfurt am Main tatsächlich etwas veränderten. Mich befriedigt es bis heute, zu sehen, was daraus wird, wofür man kämpft. Das hat mich fast unverwundbar gemacht für Kritik an umstrittenen Errungenschaften, weil sie die Welt, so klein sie andere auch machen wollten, etwas zum Besseren veränderten.

Und letztlich hat diese Entscheidung für den Respekt vor den Möglichkeiten der Stadt auch dazu geführt, dass ich mich irgendwann überhaupt in der Lage fühlte, mich mal ins Spiel zu bringen als Kandidat für die Oberbürgermeisterwahl meiner Partei.

Es sorgte für mildes Lächeln: ach, der Peter.

Auslöser waren damals bestimmt auch die Gespräche mit meiner damaligen ersten Frau Kerstin Feldmann, die mal Büroleiterin der Rechts- und Sportdezernentin Sylvia Schenk war und damit ziemlich nah am Magistrat der Stadt. Da ging es um den Ausbau des Stadions und das Aushandeln von Verträgen und um Rücksprachen mit der Oberbürgermeisterin, und mein Eindruck war: Alles sehr spannend, aber nichts, was man nicht irgendwie bewältigen kann. Das hat mir die Angst genommen, dass es etwas Unerreichbares ist. Die Konflikte und die kleinen Dissonanzen, das erschien mir bekannt und handhabbar. Die Ehe mit Kerstin scheiterte, leider, muss ich sagen und leider auch durch meine Schuld. Und meine Beziehung danach war mit einer Frau, der Mutter meiner wunderbaren älteren Tochter Hannah, die mir einfach sagte: Entweder du hältst die Verletzungen, die die Politik für dich bereithält, aus – oder du lässt es.

Das war wie ein Missing Link und ich gewöhnte mich immer mehr an den Gedanken. Ich besprach es auch mit Freundinnen und Freunden und daraus entstanden wiederum, ganz aus den Interessen großer Teile der Bevölkerung geleitet, die relevanten Themen Internationalität, Kinderarmut, Wohnungsnot, eine lebenswerte Stadt für Seniorinnen und Senioren, Lärmreduktion. Ich sah, dass es möglich wäre, einen Fokus zu setzen auf diese fünf großen Themen. Später kamen der Kampf für günstige Busse und Bahnen hinzu, zum Beispiel das Seniorenticket und das Schüler-, Kinder- und Jugendticket für einen Euro am Tag.

Bis heute kostet es mich viel Kraft, mich immer wieder zu besinnen auf diese Kernthemen. Der politische Betrieb fordert beständig Reaktionen ein. Was sagen Sie hierzu? Warum haben Sie nicht…? Sie müssten doch mal…! Schauen Sie sich mal diese Ecke der Stadt an, da wird doch sofort klar, dass…!

Die geforderte Reaktion ist der beständige Begleiter eines Politikers, am augenfälligsten sicherlich durch die täglichen Fragen der Journalistinnen und Journalisten, durch die Fragen im Stadtparlament, durch Treffen mit den Bürgerinnen und Bürgern, von Unternehmenslenkern über Bankiers bis hin zu Gemüsehändlern auf Wochenmärkten, und jeder kommt mit seinem Blick auf die Welt. Da kann man sich leicht verzetteln, die Kernthemen müssen im Fokus bleiben, daran misst sich die Glaubwürdigkeit.

Ich setzte diese Themen im innerparteilichen Kampf gegen Michael Paris, alles musste ja auch sehr schnell gehen wegen des vorgezogenen Rückzugs Petra Roths. Ich setzte dieselben Themen dann gegen ihren von der CDU als praktisch designierten Nachfolger ins Feld gesetzten damaligen Minister, Herrn Boris Rhein. In meiner eigenen Partei setzte sich, so glaube ich, so langsam das Gefühl durch, dass Bekanntheit nicht alles ist. Nicht die lokale Bekanntheit eines Michael Paris, der mit seinem Abenteuerspielplatz, mit seiner Vernetzung in die Vereinswelt und seinen bunt und aufmersamkeitsstark geführten vorherigen Wahlkämpfen in der SPD so gut wie als gesetzt galt. Und nicht die bundesweite Bekanntheit eines hessischen Innenministers, der zudem noch die Unterstützung der regierenden schwarz-grünen Mehrheit hinter sich wusste.

Wenn ich mich auf meine Themen konzentrierte, dann wurde ich sicherer in ihnen, wusste mehr, konnte besser argumentieren.

Aber das allein reichte nicht. Es war alles viel schwieriger, als ich dachte. Denn nur, weil ich von einem Thema überzeugt war, nur weil ich dachte: Was gibt es denn grade Wichtigeres als Wohnungsbau oder Kinderarmut, dann hieß das erst einmal überhaupt nichts. Themensetzung in der Politik funktioniert leider nicht so, dass man mal rausgeht und eine programmatische Rede hält oder eine Pressemitteilung verschickt, in der Hoffnung, dass andere es genauso sehen wie man selbst oder das nächste Umfeld.

Das zweite, was mir klar wurde: Wenn es mir nicht gelingen würde, die SPD Frankfurt davon zu überzeugen, dass meine Themen auch ihre Themen sein sollten und jeder in der Partei diese fünf Themen auch unvorbereitet nachts im Halbschlaf herunterbeten könnte, würde man ihn wecken, wir keine Chance hätten, in der breiten Bevölkerung damit auch nur ansatzweise durchzudringen.

Ich gebe zu: Ich bin damit vielen wahrscheinlich ziemlich auf den Zeiger gegangen. Und von manchen empfing ich eine ziemlich glatte Ablehnung meiner Person und meiner Themen. Da wünschte man sich lieber jemand, der glänzender ist, vielleicht auch jemand von außen, eine Persönlichkeit vielleicht, die auch bundespolitisch schon bekannt war, Namen wie die von Margot Käßmann wurden bewusst gestreut – konnte ich alles nicht bieten. Wollte ich auch nicht bieten. Und wenn es ganz arg wurde, erinnerte ich mich an meine Theorie, dass mein Vater gerne die Welt retten wollte und ich mich dann persönlich für das greifbarere Frankfurt entschieden hatte. Da spielen auch die Ideen mit hinein, die ich in Israel vorfand.

Frankfurt als großer Kibbuz, in dem jeder willkommen ist und jeder mitbauen und mitdenken kann und der Oberbürgermeister seine Macht nicht durch Dekrete ausdrückt, sondern dadurch, Türöffner zu sein, damit alle mehr Macht bekommen. Der Gedanke trieb mich an. Und er sorgte dafür, dass ich quasi als »Klassensprecher« der ganzen Stadt nicht vor dieser Aufgabe zurückschreckte.

In der SPD und im Jugendverband gab es viele Leute, die genauso tickten – etwa Turgut Yüksel, mit dem ich politisch groß wurde, mit dem ich den ersten deutsch-türkischen Jugendverband der Stadt gründete. Es waren Menschen, auf die ich mich immer wieder verlassen konnte in meinem Leben – und die mir halfen, den Rest der Partei zu überzeugen.

Dafür ging ich durch die Ortsvereine der SPD, dann ging es zu Stadtteilkonferenzen, praktisch ein Schaulaufen der beiden Kandidaten. Da kamen unterschiedliche Interessen, ganz unterschiedliche Schichten zusammen, ziemlich spannend, weil man doch sieht, wie sehr die Sozialdemokratie eine Volkspartei im wirklichen Sinne ist, auch wenn sich das heutzutage nicht immer in Wahlergebnissen niederschlägt. Allein der Stadtteil Sachsenhausen teilt sich auf in Arbeiterinnen und Arbeiter, die in größeren Wohnsiedlungen wohnen und dann die Intellektuellen- und Bohème-Szenen aus den etwas besseren Gegenden, die aber zusammen gegen den Flughafenausbau einig sind und in den Grundzügen auch darin einig sind, dass soziale Gerechtigkeit und die Lösung der Sozialen Frage an vorderster Stelle stehen müssen – aber dann beginnen die Nuancen auch schon.

Eigentlich eine ziemlich gute Partei, die solche Menschen an einen Tisch bringt. Das Einzige, was sie manchmal viel zu klein macht, ist die permanente Angst vor allem Möglichen: Die Angst vor zu viel Macht, die Angst vor zu harten Konflikten mit politischen Gegnern und vor Entscheidungen, die Angst davor, nicht zur Stadtgesellschaft dazuzugehören. Angst anzuecken und sich unbeliebt zu machen. Fremdschämen bei Fehlern als eine der Basisemotionen. So erging es fast allen Parteivorsitzenden seit Willy Brandt und natürlich auch den sozialdemokratischen Frankfurter Oberbürgermeistern seit den 1970er-Jahren.

Braucht eigentlich keiner und lähmt die Freude der Parteimitglieder an gesellschaftlicher Umgestaltung. Wer Dritten die Definitionsmacht über »Gut oder Schlecht« überlässt, überlässt denen auch gleich die Kontrolle über den eigenen Zusammenhalt.

Politik ist kein Beliebtheitswettbewerb.

Sollte es auch nicht sein, es geht um die tägliche soziale Umgestaltung.

Ein bisschen bundespolitischer Glanz färbte auch auf mich ab, als ich mich mit Andrea Nahles am Frankfurter Flughafen traf, offiziell, um über den Arbeitskreis Jüdischer Sozialdemokraten zu sprechen, eine Vereinigung, die mein geschätzter Kollege Sergey Lagodinsky und ich 2007 wiedergründeten. Das zweite Thema war meine Kandidatur, und nicht weit entfernt von unserem Tisch schoss ein Journalist ein Foto für die Nachwelt von diesem Treffen. Liebe Parteivorstände, ihr wollt mehr Bundespolitik? Mehr Mysterien? Bitte sehr, aber nun reicht es auch. Mehr war ohnehin nicht drin.

Thorsten Schäfer-Gümbel und andere aus dem

Bundesvorstand waren zutiefst der Überzeugung, dass Frankfurter Eigengewächse wie ich null Chance haben.

Michael Paris und ich waren da anderer Ansicht.

Dem gedanklichen Versuch, dass es außerhalb einer Partei, außerhalb einer politischen Struktur noch andere Welten gibt, Menschen, die sehr hart für soziale Verbesserungen streiten und sich engagieren, dem stelle ich mich heute noch immer gerne – weil es mir hilft, erstens nicht alles soooo ernst zu nehmen und zweitens zu wissen, dass ich dort einen Halt finden kann, wenn mich alle abschreiben oder gegen mich zu sein scheinen.

Als der Wahlkampf dann richtig losging, musste ich mich schon ein bisschen kneifen. Seltsam, das eigene Gesicht überall in der Stadt zu sehen. Ansonsten hatte ich überhaupt kein Gefühl, ob das gutgehen könnte. Die Medien maßen mir nur Außenseiterchancen bei, von der Wahrnehmung meiner Partei auf Bundes- und Landesebene habe ich schon berichtet. In Frankfurt jedoch standen viele Sozialdemokraten unterhalb der mittleren Funktionärsebene hinter mir, von jung bis alt. Das erzeugt einen gewissen Respekt, der weitere Unterstützer beflügelt. In die Hochhäuser zu gehen, in die nicht so schönen Ecken, dieses Unterfangen erwies sich allerdings leider für einige als Zumutung.

Graffitis, herausgerissene Briefkästen, kaputte Aufzüge, vermeintliche Wasserlachen an Eingängen, die nicht nach Wasser, sondern anderem riechen … Da hat es doch den einen und die andere geschüttelt! Waren das nicht die Milieus, die wir abschaffen wollten? Wollten wir nicht Aufstieg durch Bildung? Gesamtschulen? Und jetzt schickt uns Peter Feldmann in die Ecken der Stadt zurück, denen wir doch endlich entkommen konnten???

Eigentlich dachte ich, ich wiederhole ein bisschen das, was mein Vater mit mir einst durchexerziert hatte, nämlich mit kleinen Modellhäuschen im Gepäck an Haustüren zu klingeln und für die Albert-Schweitzer-Kinderdörfer Spenden zu sammeln. Nach kurzer Zeit, ich war vielleicht zwölf Jahre alt, befand mein Vater, dass ich reif genug sei, allein loszuziehen. Ich sammelte später auch für die Bonameser Kirchengemeinde, die wahrscheinlich nicht wusste, ein Mitglied der jüdischen Gemeinschaft in den Reihen ihrer Jungschar zu haben, sich andererseits auch nicht übers auf der Straße gesammelte Geld beschwerte.

Wenn das funktioniert hatte, dann müssten doch auch Wählerstimmen dort zu holen sein, wo die SPD ihre Wähler hat – nämlich nicht im schicken Nordend oder Westend, sondern an den Rändern der Stadt und in jenen Siedlungen, in denen die Menschen gemeinhin die Auffassung haben, dass die Politik sich nicht für sie interessiert, geschweige denn vor der Tür steht. Dann könnte ich doch andere animieren, gemeinsam an Haustüren zu klingeln, oder? So kam das jedenfalls.

Es erschien mir jedenfalls sinnvoller als in den sogenannten Straßenwahlkampf zu gehen, bei dem drei durchgefrorene Menschen unter einem SPD-Sonnenschirm bei klirrender Kälte vor dem Rewe stehen und bei den Passanten den unbewussten Schlenker provozieren, um bloß keine Gespräche mit diesen Genossen zu provozieren. Frieren für den Sozialismus? Warum nicht lieber mit einer Rose und dem Aktionsprogramm hinein in die geheizten Hochhausflure?

Die Regeln sind auch schnell erklärt: niemals mit mehreren Männern im Flur stehen, sieht durch den Türspion schnell nach Überfallkommando oder Protagonisten der TV-Sendung »Nepper, Schlepper, Bauernfänger« aus. Pärchen sind ideal. Die Rose in der einen, den Inhalt in der anderen Hand – das sorgt schon hier und da für die Verblüffung, dass einem hier gar nichts verkauft werden soll.

Da mitzugehen, das war für manche, die schon in Parlamenten saßen, wie gesagt kaum erträglich. Wozu sollte man sich dem aussetzen? Aber es war durchaus erfolgreich. Bei einigen dieser Touren schlossen sich Journalisten an, durchaus hier und da kontraproduktiv, wenn die Scheinwerfer von Kamerateams die Flure und Wohnungseingänge erbarmungslos ausleuchten. Einmal stand ein Schrank von einem Mann vor uns, musterte die Journalisten und meinte mit zugekniffenen Augen: »Sind die vom Fernsehen?« Als er das zögerliche »Ja…« aus der zweiten Reihe hörte, setzte er sein breitestes Grinsen auf und begann stolz mit seinen tätowierten Muskeln zu spielen.

Am Ende glaube ich, dass mich tatsächlich das im ersten Wahlgang über die 30-Prozent-Marke und in die Stichwahl gegen Boris Rhein spülte. Damit war dann auch die Sache mit der mangelnden Bekanntheit vergessen.

Die ersten Schlüsse nach der Wahl versuchten wir aber aus meinen Versprechungen zu ziehen. Wahlversprechen, da steckt ja schon doppeldeutig drin, dass man sich ja wohl dabei versprochen haben müsse. Das wollte ich nicht. Ich ging also sofort nach meiner Amtsübernahme im Juli 2012 monatlich wieder in die Hochhäuser, in die Siedlungen, ich ging in die Schulen und in die Fabriken der Stadt und traf dort nicht selten viele überraschte Menschen, die mich entgeistert fragten, ob denn schon wieder Wahlkampf sei und ich deswegen da sei. Nein, kein Wahlkampf, einfach nur die Einlösung der Zusage, wiederzukommen. Und weiter beharrlich für meine Themen zu kämpfen.

Doch zur Wahrheit gehört auch: der nächste Wahlkampf ist nie weit weg. Landtags-, Bundestags- und Europawahlen – und 2016 dann die Kommunalwahl, durch die es die Sozialdemokraten in Frankfurt schafften, wieder in die Regierung zu kommen, zusammen mit den Grünen und der CDU. Kein einfaches Bündnis, aber auch eines, mit dem sich handeln ließ.

An meiner Strategie – es den anderen nicht immer so leicht zu machen, positiv formuliert: den Finger in die Wunde zu legen, negativ: penetrant zu sein – änderte ich nichts.

Das sorgte immer wieder für Empörung. Und für kleinere Scharmützel. Etwa als ich einfach beschloss, die kostenlosen Kindergartenplätze, die das Land zum Teil schon finanzieren wollte, aufzustocken und die Verlautbarung nicht wirklich mit allen, sondern nur mit den politischen Spitzen abstimmte. Aber am Ende kam man eben nicht drumherum, hinterher hieß es, der »Linkspopulist«, aber eigentlich wären ja doch alle dafür gewesen … Am meisten beleidigt war übrigens die AfD, die sich dem widersetzte und die ich für ihre Verweigerung bei den kostenlosen Kindergärten und Schwimmbädern für Jugendliche bei Karnevalsveranstaltungen genüsslich quälte.

Im Nachhinein finde ich das inhaltlich immer noch richtig. Dass es das Bonmot vom Sonnenkönig, das die Konservativen zu zeichnen versuchten, unterstützt haben mag, sehe ich durchaus. Nicht zuletzt, weil die Kitaplätze nicht die einzigen Vorstöße blieben. Für mich erklären sie sich aus der Tatsache, dass ich von den Frankfurter Bürgerinnen und Bürgern ja direkt gewählt worden war. Und die mangelnde Richtlinienkompetenz nur damit wettmachen konnte, Themen öffentlich zu setzen – manchmal auch durchzudrücken. Das ist nun mal nicht immer gemütlich. Und das ist vor allem nichts, mit dem man sich viele Freunde innerhalb des sogenannten Römerzirkels macht, jenem lokalpolitischen Machtzentrum, das in der allgemeinen Stadtgesellschaft kaum jemand wahrnimmt. Leider kaum jemand wahrnimmt, muss man sagen, aber das ist nun mal das Schicksal der Kommunalpolitik, die dafür viel verändert im Leben der Menschen.

Die neue Koalition war kaum zwei Jahre alt, da beschlossen wir, in Klausur zu gehen nach Bad Nauheim, ein bisschen mal vor die Tore der Stadt, kann ja nicht schaden, wenn man sich im Magistrat beständig selbst blockiert. Die Liste jener Dinge, die wir uns gegenseitig nicht gönnten, war nicht eben klein. Sie reichte von anderen Quoten für den Wohnungsbau über Klimaprojekte bis hin zu Verkehrsideen. Aber letztlich gelang es, noch eines draufzusetzen. Als SPD überlegten wir, uns noch die Forderung nach kostenfreiem Eintritt in Museen, in den Zoo und die Schwimmbäder mitzunehmen – für Kinder und Jugendliche. Und höhere Quoten für Sozialwohnungen. Und noch ein paar Dinge mehr. Immer gut, Verhandlungsmasse zu haben. Die fehlte den anderen ein wenig. Die Grünen hatten mehr Geld für Grünflächen im Gepäck und die CDU die Förderung einer katholischen Schule, naja, besser als nichts. Am Ende kamen wir Sozialdemokraten mit allen unseren Forderungen durch. Welch ein Glück. Nicht nur für uns, sondern für die ganze Stadt. Und das beste war, dass sich bald darauf die ganze Koalition hinter den Errungenschaften versammelte. Wir lobten die katholische Schule und die CDU lobte den freien Eintritt in Schwimmbäder. Es gab nach tagelangen, manchmal zermürbenden Verhandlungen nur noch Gewinner.

Politisch blieb es aber schwierig. Die Anfeindungen im Stadtparlament blieben, auch die CDU ärgerte sich beständig. Als die IAA öffentlich ankündigte, Frankfurt zu verlassen, war der Buh-Mann schnell gefunden. Weil ich eine autokritische Rede, die ich nicht halten können sollte, veröffentlichte, wurde mir dadurch nachträglich der Weggang der Messe angekreidet. Auch wenn der zu diesem Zeitpunkt schon feststand – und wir (die Messe, Wirtschaftsminister Tarek Al-Wazir und etwas auch ich) gar nicht schlecht darin waren, weiter für die IAA zu kämpfen. Dass es am Ende München wurde, hatte auch damit zu tun, dass die Autovermarkter gerne die Messe in die Stadt ziehen wollten, weg von der Messe Frankfurt und hin zu den öffentlichen Plätzen. Wir waren bereit, dieses Zugeständnis zu machen. Am Ende ging die IAA.

Und: Es kam die weltgrößte Fahrradmesse.

Aber das war natürlich nicht mehr die große Schlagzeile. Die kaprizierten sich immer mehr auf meine Person. Darüber will ich nicht jammern. Als Oberbürgermeister ist man qua Amt der bekannteste Politiker der Stadt. Und die Bürgerinnen und Bürger machen einen für die schlechten wie auch die guten Dinge insgesamt verantwortlich. Das ist einfach die Realität. Und: Natürlich weiß das jeder, der sich um diesen Job bewirbt.

10. Arbeiterwohlfahrt

Ich habe vier Jahre meines Lebens bei der Arbeiterwohlfahrt gearbeitet. Als Angestellter. Das ist mal das eine. Im Nachhinein sage ich: Eine gute Zeit. Mit dem Wissen von heute würde ich dort nicht mehr arbeiten. Aber damals hatte ich eben nicht dieses Wissen. Nur den Wunsch, nach über 12 Jahren beim Paritätischen Wohlfahrtsverband nochmal was anderes zu machen. Ein Altenheim leiten zum Beispiel. Dafür bewarb ich mich 2008. Und hatte Glück.

So traf ich auch Jürgen Richter wieder. Jenen Mann, gegen den mittlerweile wegen Unterschlagung ermittelt wird und der große Autos auf Firmenkosten finanziert haben soll und der nicht nur selbst mehr als gut verdiente an der Arbeiterwohlfahrt – seine Frau tat es auch. So wie viele andere Leute aus der Geschäftsführung. Nun, das ganze Konstrukt nimmt die Staatsanwaltschaft auseinander. Man wird sehen, was daraus wird.

Meine erste Begegnung mit Jürgen Richter lag Jahrzehnte zurück. Sie muss irgendwann in den 1970er-Jahren gewesen sein. Ich wandelte auf linken, sozialdemokratischen Pfaden – Jürgen mochte

100

es etwas linker und hing kommunistischen Ideen nach. Wenn man ihn später sah, mochte man es ja kaum glauben. Aber den Marsch durch die Institutionen haben auch andere gemacht. Manche behielten die besetzten Altbau-Wohnungen im Westend gleich.

Politisch waren wir uns also fremd. Und so hatten wir uns wenig zu sagen damals, außer, dass wir den jeweils anderen gerne auf die eigene Seite gezogen hätten. Keine Chance.

Über 30 Jahre später trafen wir uns also wieder. Und handelten einen Vertrag aus für das Kurt-Steinbrenner-Haus in Darmstadt, das ich fortan leiten sollte. Es lockte die neue Herausforderung.

So ging ich nach Darmstadt.

Für mich war die Aufgabe spannend. Es ging ja nicht nur darum, Schichtpläne zu schreiben. Im Grunde war das Ziel, die Qualität zu erhöhen. Zumindest sah ich es so. Wir haben mit über hundert Mitarbeiterinnen und Mitarbeitern durch eine eigene Pflegedienstleitung, eine Hauswirtschaftsleitung, eine Leitung für die soziale Betreuung viel erreicht. Es ging darum, dass die Einrichtung regelmäßig vom medizinischen Dienst überprüft wurde, es ging um die Zertifizierung und dass die soziale Betreuung sichergestellt war.

Die Zeit dort hat mich geprägt – und scherzhaft hat meine Mutter gemeint, dass ich ja da hingekommen bin, wo alles begann. Mein Vater hatte auch kurz ein Altenheim geleitet und angeblich kam ich sogar in einem zur Welt. Irgendwie schloss sich da für mich ein Kreis.

Die Kooperation mit dem Stadtteilarbeitskreis funktionierte, die eben schon genannte Kooperation mit dem medizinischen Dienst und den lokalen Ärzten auch. Aber es war alles nicht einfach, für keinen, der dort arbeitete – und es noch heute in Altenheimen tut. Es ist dort so: Man versucht sein Möglichstes, aber nur selten ist es genug. Es gibt einfach zu wenig Geld, es bleibt zu wenig Zeit. Das ist frustrierend. Ich merke es an mir, man wird zwar älter und schaut doch mit den gleichen Augen in die Welt, mit dem gleichen Interesse. Hier nun gab es Menschen, die diese Perspektive weiter einnahmen, die aktiv waren (so lange es ging), die unterwegs waren (so lange es ging) und die darauf brannten, in Gesprächen mehr von der Welt da draußen zu erfahren. Am berührendsten sind die Momente, in denen die älteren Menschen von ihren Enkeln und Urenkeln besucht werden – für so viele ist es ein großes Glück, Kinder zu sehen; das Lächeln bleibt noch tagelang und so oft habe ich alte Herrschaften gesehen, wie sie versonnen auf die Fotos ihrer Familien am Nachttisch blickten. Wir suchten auch den Kontakt zu Kindergärten, zu Schulen in der näheren Umgebung. Und was für ein Glück das war – auf beiden Seiten.

Es ist Liebe. Und die macht ja weiß Gott nicht an den Türen von Altenheimen Halt. Und natürlich war uns auch immer die Zusammenarbeit mit den Angehörigen wichtig. Es ist tatsächlich so gewesen, dass manchmal, wenn Menschen in eine stationäre Pflege aufgenommen werden, sie sehr verzweifelt sind, weil sie glauben, sie werden von ihren Familienangehörigen verlassen. Ehepartner denken manchmal, dass der Partner sie verlässt, wenn sie dort hineinmüssen. Das zu erklären ist auch etwas, was ich mir mit zur Aufgabe gemacht hatte, die menschliche Nähe zwischen diesen Betroffenen aufrechtzuerhalten. Denn man kann es erklären. Wer sich liebt, der gönnt dem anderen auch Freiheiten. Und für die Partner und Kinder, die oft über Jahre und unter widrigen Umständen ihren Angehörigen gepflegt haben, ist das ein großes Stück Freiheit. Das muss man klarmachen. Dennoch gehörten diese Gespräche zu den schwierigsten. Aber sie gehören eben genauso dazu wie Besprechungen mit den Mitarbeiterinnen und Mitarbeitern. Selten habe ich so viele motivierte Menschen auf einem Fleck gesehen wie in jenem Altenheim in Darmstadt. Am Geld kann es nicht liegen. Ich glaube, vielen geht es darum, etwas Gutes zu tun, so anstrengend und schwer es auch sein mag. Und dann sind da immer wieder jene kleinen Momente, die einen belohnen. Kleinode des Glücks, auch die gibt es in einem Altenheim. Denn ums Sterben und um den Tod und um die Krankheiten geht es hier zwar auch, aber sie gehören doch eigentlich überall zum Leben dazu. Wir haben nur gelernt, vor ihnen so gut es geht die Augen zu verschließen, bis wir nicht mehr anders können als hinzuschauen.

Lange blieb ich nicht im Steinbrenner-Haus in Darmstadt. Das lag nicht an der Arbeit. Gerne hätte ich sie weitergemacht. Aber im Jahr 2009 kam meine Tochter Hannah zur Welt. Und ich wollte ihr und ihrer Mutter näher sein. So rief ich also den Jürgen an. Und der hatte genau die richtige Aufgabe für mich. In Frankfurt wurde eine Stabsstelle für Belegungsmanagement aufgemacht, ich sollte sie leiten. »Genau das Richtige für Dich«, meinte Jürgen. Und das war es ja auch. Näher an meiner jungen Familie. Und inhaltlich näher an meinen Interessen.

Es ging konkret darum, wie ältere Menschen, die für kurze oder auch längere Zeit in der Klinik waren, danach menschenwürdig in einem Altenhilfezentrum untergebracht werden können. Der Übergang von einer stationären Behandlung in den Kliniken hin zu einem Altenheim ist kritisch. Die Kliniken sind oft bemüht, Patienten möglichst rasch zu entlassen. Sie haben schlicht kaum die Kapazität, jemanden besonders lange zu behalten – auch wenn es für die Heilung vielleicht förderlich wäre. Ein klares Ergebnis der Privatisierung des Krankenhaus- und Pflegebereiches.

Es geht manchmal das Gerücht um, dass freitags die Entlassungen aufgrund des Wochenendes von einigen Ärztinnen und Ärzten etwas häufiger seien. Just zu diesen Zeiten stehen den Altenhilfezentren nicht die geeigneten medizinischen Geräte und medizinisches Fachpersonal zur Verfügung, um dem soeben aus der stationären Behandlung entlassenen Menschen angemessen helfen zu können. In den Altenheimen hat man eine makabre Beschreibung dessen, was da passiert: »Blutige Entlassung«. Wer es googelt, findet Hunderte von Reportagen und Artikeln zu diesem Thema, auch aktuelle.

Es hat sich wohl leider nicht viel daran geändert.

Meine Aufgabe bestand also darin, mit den Kliniken über diese sogenannten Entlassungen zu verhandeln, grundsätzlich aber auch in exemplarischen Einzelfällen eine möglichst gute Versorgung und einen möglichst guten Kontakt zwischen Altenhilfezentren und den Kliniken im Interesse der Menschen zu gewährleisten. Also auch, dass sie menschenwürdig von der Klinik in die Pflegeheime kommen und dass möglichst auch ihre Angehörigen einbezogen und anwesend sind.

Ich konnte also mein Know-how und meine Erfahrung als Leiter eines Altenhilfezentrums einbringen, um zumindest etwas an den Zuständen zu ändern. Oder es zu versuchen. Denn auch mir fehlte dazu die Zeit. Nach kaum drei Jahren wurde ich, dank der CDU und Petra Roths früherem Abschied eher als gedacht, zum Oberbürgermeister gewählt. Und dazu hatte ich mir, als meine Tochter noch ein Baby war, sehr viel Elternzeit genehmigt. Was ein Glück, dass man das damals eingeführt hatte – oder um es weniger passiv zu formulieren: Danke, Ursula von der Leyen!

So kommt es, dass ich faktisch insgesamt nur zweieinhalb Jahre bei der Arbeiterwohlfahrt gearbeitet hatte. Vielleicht kommt es mir auch deshalb so seltsam vor, dass ich damit so eng in Verbindung gebracht werde. Bevor ich dazu komme, was aus meinem Verhältnis zu Jürgen und Hannelore Richter wurde, als ich Oberbürgermeister war, muss ich zugeben: Als linker Sozialdemokrat war meine Beziehung zur Arbeiterwohlfahrt natürlich von Anfang an da. Wer Mitglied bei der SPD wird, dem legt man gleichzeitig auch den Aufnahmeantrag für die AWO hin. Und wieso denn auch nicht?

Im Dezember 1919 wurde sie als Ausschuss der Sozialdemokratie gegründet. Es ging den Gründerinnen wie Marie Juchacz darum, das Leid der Nachkriegszeit zu lindern. Es waren ohnehin vor allem die Frauen, die den Ton bei der Gründung angaben. Juchacz allen voran, die wenige Monate zuvor als erste Frau in Deutschland vor einem demokratisch gewählten Parlament gesprochen hatte. Wer ihre Reden aus dem Reichstag liest, dazu, dass Frauen jedweder Beruf offenstehen solle, dazu, dass das Recht auf Abtreibung eben nicht die Abtreibung fördert, dazu, dass die Pflegeberufe gestärkt werden müssen, damit die Pflegenden nicht selbst zu Gepflegten werden – der fragt sich manches Mal, ob wir in den vergangenen einhundert Jahren überhaupt vorangekommen sein mögen in Deutschland.

Dass es voranging, lag nicht zuletzt an der Weimarer Republik und ihren sozialen Errungenschaften. Zu denen die Arbeiterwohlfahrt zweifelsohne zählt. Schon kurz nach ihrer Gründung gab es landauf, landab Hunderttausende Freiwillige, die in unabhängigen Ortsvereinen den Schwachen und Bedürftigen halfen. Den Kriegsinvaliden zuerst, bald aber auch den Alten und Schwachen, den Kindern und Kranken, den armen und den behinderten Menschen. Bald kümmerte man sich auch um die Ausbildung von Pflegekräften und professionalisierte eine Branche, die wenige Dekaden zuvor noch den Familien zufiel und – wenn es den Menschen schlechter ging – den Ärzten.

Die enge Verknüpfung mit der Sozialdemokratie und ihren Werten wurde 1933 klar. Die Nazis versuchten erst, die AWO gleichzuschalten, als das misslang, wurde sie verboten. Kein Wunder, wo doch ausgewiesene Antifaschistinnen wie Johanna Kirchner den Aufbau der Arbeiterwohlfahrt vorangetrieben hatten – und im Untergrund und in der Résistance weitermachten, was viele mit dem Leben bezahlten, so auch Johanna Kirchner, die 1944 von den Nazis ermordet wurde. Marie Juchacz floh, erst nach Frankreich, später in die USA, kehrte nach dem Krieg aber nach Deutschland zurück – wurde 1949 Ehrenvorsitzende der Arbeiterwohlfahrt. Auch wenn die Bande zur Sozialdemokratie nach und nach gelöst wurden und die AWO eigenständiger wurde: sie ist und bleibt ein Teil der SPD-Struktur. Und wer in der SPD etwas auf sich hielt, der trat dort auch ein. Und für die Arbeiterwohlfahrt zu arbeiten, das war unter diesen Umständen damals wohl als Ehre zu erachten. Zumindest ging es mir so – auch wenn die Jahre beim Paritätischen Wohlfahrtsverband dreimal länger und prägender gewesen sind, die AWO-Jahre von 2008 bis 2012, erst im Kurt-Steinbrecher-Haus in Darmstadt, dann bei der Johanna-Kirchner-Stiftung in Frankfurt, waren gute Jahre. Und für mich ein geschützter Rahmen für dann tatsächlich drei Erziehungszeiten mit meiner älteren Tochter.

Im Jahr 2013 lernte ich meine spätere Frau Zübeyde kennen. Dass sie nach ihrer früheren Tätigkeit als Kinderpflegerin und in einem Jugendzentrum einen Job als Kitaleiterin bei der AWO bekam, machte mich stolz. Das passt doch, dachte ich. Genau das änderte sich im Jahr 2019. Die *Frankfurter Neue Presse* berichtete von Unregelmäßigkeiten bei der AWO in Sachen Flüchtlingsheime – und ich schrieb einen Brief an die zuständige Dezernentin von der CDU, die Sache aufzuklären und mich über den Fortgang zu informieren. Im November 2019 kam dann ein umfangreicher Fragenkatalog in meinem Büro an. Mit dem Artikel unter der Überschrift »Ehefrau des Frankfurter OB erhält höheres Gehalt als üblich« begann meine schwerste politische, aber auch persönliche Krise.

Was wirklich geschah

Die Fragen, die der *Hessische Rundfunk* damals schickte, konnte ich damals kaum richtig beantworten. Also beantwortete ich sie nicht. Das war der erste Fehler. Am 12. Dezember, also genau drei Wochen nach dem *HR*-Bericht, entschuldigte ich mich dafür. Und gab erste Antworten. Da war die lokale Story schon eine bundesweite Geschichte geworden. Wenn man also vielleicht etwas über Krisenkommunikation lernen kann, dann vielleicht dies: Sei offen, reagiere schnell, lege alles transparent dar. Hab ich nicht gemacht. Was du für ein Sturkopf bist, warfen mir Freunde vor. Damals war es so: Ich sah nicht ein, über etwas zu sprechen, das meine Frau betraf. Und ich sah nicht ein, mich für etwas zu entschuldigen, das ich nicht getan hatte. Der Vorwurf war ja: Die Frau des Oberbürgermeisters hat, wie die *FAZ* in einer Überschrift zusammenfasste, ein Top-Gehalt und einen Dienstwagen bekommen – und er sich damit bestechlich gemacht.

Das mit dem Top-Gehalt und dem Dienstwagen ist eine »gute Geschichte«. Man glaubt es sofort. Ein gutbezahlter Politiker besorgt seiner jungen Frau einen Job und ein fettes Auto – danach hört eigentlich niemand mehr zu. Dazu gibt es noch etliche Fotos von diesem Paar. Plötzlich war die Geschichte um die Arbeiterwohlfahrt in jeder Zeitung.

Man musste keinen schmucklosen Verwaltungsbau der AWO von außen zeigen oder die immer gleichen Fotos von dem Geschäftsführer-Ehepaar Richter, die ohnehin kaum einer kennt, oder von der zuständigen CDU-Dezernentin, deren Bekanntheit auf einem ähnlichen Level liegen dürfte. *Nein, immer, wenn es fortan um die Arbeiterwohlfahrt ging, zeigten Journalisten ein Foto von mir und meiner Frau.*

Verstehen Sie mich nicht falsch: Ich finde es gut, dass der AWO-Skandal, der ja wirklich einer ist und in Geldforderungen der Stadt und staatsanwaltschaftlichen Ermittlungen endete, aufgeklärt wird. Nur habe ich mit diesem Skandal nichts zu tun. Und meine Frau auch nicht. Wirklich nicht. Und wer auch immer noch behauptet, die Stadt oder der Oberbürgermeister würden dazu keine Fragen beantworten, dem drücke ich gerne den Aktenordner mit den weit über 1000 Fragen des Stadtparlaments und den Antworten des Magistrats in die Hand. Manche dieser Antworten kann ich mittlerweile schon auswendig. Aber der Reihe nach. Denn in den ersten Wochen musste ich die Antworten erst selbst finden. Denn wirklich beschäftigt hatte ich mich mit dem Gehalt, mit dem Vertrag und der Bewerbung meiner Frau bei der Arbeiterwohlfahrt bis dahin nicht. Ihre Briefe habe ich nicht geöffnet, auf ihr Konto hatte ich kein Zugriff – wir dachten, das ist in einer modernen Beziehung so. Dass sie einen guten Vertrag bekommen hat, wusste ich natürlich – bezahlt nach dem Tarifvertrag für den öffentlichen Dienst. Was kann da schon schiefgehen? Und dass sie einen Dienstwagen fuhr, wusste ich auch; sie fuhr damals türkische Verbände und auch Moscheen zur Personalgewinnung ab, die es für diese erste deutschtürkische Kita in Frankfurt brauchte. Und weil sie die Kita auch mit einrichtete, brachte sie Schränke und Umzugskartons mit Spielsachen in die Räume. Bei einem Mercedes hätte ich mir wahrscheinlich Fragen gestellt, aber es war ein kleiner Ford. Den, wie ich mittlerweile weiß, auch andere Leitungen bei der AWO hatten. Auch das Gehalt, so weiß ich mittlerweile, ist kein Top-Gehalt. Es waren 2200 bis 2500 Euro netto. Einige Kitaleiterinnen verdienten und verdienen weniger, manche aber auch deutlich mehr. Meine Frau war schlicht in der falschen Erfahrungsstufe eingruppiert – hätte man ihr, wie es auch rechtlich möglich gewesen wäre, eine andere Stufe zuerkannt, hätte sie genauso viel verdient. Nur wäre es dann kein Aufreger gewesen.

Der *Hessische Rundfunk* zeigte in seinem Bericht einen Screenshot aus dem Lohnbuchhaltungsprogramm der AWO – die Stufe war zu sehen, das daraus resultierende Gehalt verschwieg man lieber. Was wäre das auch dann noch für eine »sensationelle« Geschichte? 2000–2500 Euro netto? In Frankfurt? Ein Skandal?

Mit diesem Wissen lesen sich die ersten Sätze des *HR*-Berichts von damals nochmal ganz anders:

> »Zübeyde Feldmann, die Ehefrau des Frankfurter Oberbürgermeisters Peter Feldmann (SPD), bekam von der Arbeiterwohlfahrt (AWO) ein deutlich höheres Gehalt als Mitarbeiter in vergleichbaren Positionen zugestanden.«

Nein, Mitarbeiter in vergleichbaren Positionen bekamen auch gleiches oder manchmal höheres Gehalt als meine Frau. Bis heute.

> »Die damals 29-Jährige wurde im Oktober 2015 vom AWO-Kreisverband Frankfurt als Leiterin der ersten deutsch-türkischen Kindertagesstätte ›Dostluk‹ (Freundschaft) angestellt. Damals war sie bereits mit Feldmann liiert, aber noch nicht verheiratet.«

Fun Fact am Rande: als meine Frau den Job bekam, waren wir gerade getrennt. Erst später, als auch unsere gemeinsame Tochter unterwegs war, rauften wir uns wieder zusammen.

> »Frankfurts Oberbürgermeister selbst hat enge Verflechtungen mit der AWO. Vor seiner Wahl ins Chefzimmer im Römer hatte Feldmann eine Stabsstelle für Belegungsmanagement bei der zur AWO Frankfurt gehörenden Johanna-Kirchner-Stiftung.«

Ja, wenn man es eine enge Verflechtung nennen will, Angestellter dort gewesen zu sein, dann war es wohl so.

Und weil, wie gesagt, auch heute noch behauptet wird, ich hätte zentrale Fragen nicht beantwortet, möchte ich hier kurz dokumentieren, was ich in der ersten Parlamentssitzung nach den Vorwürfen den fragenden Stadtverordneten antwortete:

»Erstens: Die Vorwürfe gegenüber der AWO haben mich als früheren Angestellten erschüttert. Es muss alles aufgeklärt werden. Ich habe Stadträtin Birkenfeld schon vor einigen Monaten meine volle Unterstützung hierbei zugesichert. Sollten die Vorwürfe zutreffen, müssen Konsequenzen gezogen werden.

Zweitens: Ich habe keinen Einfluss genommen auf den Vertrag meiner Frau. Meine Frau hat zwei Studienabschlüsse und hatte jahrelange Erfahrung vor der jetzigen Stelle. Sie hat ab 18 in diesem, aber auch im Behinderten- und im Kita-Bereich gearbeitet. Ich ging davon aus, dass es etwa 2000 bis 3000 Euro Nettoverdienst waren. Ich weiß heute, dass sie etwa 2500 Euro verdiente. Das klang für mich angemessen, und ich war mir sicher, die Arbeiterwohlfahrt hält sich an Tarifverträge.

Drittens, was meine Rolle angeht: Ich habe unterschätzt, dass meine Zurückhaltung viel Unverständnis und auch Ärger hervorgerufen hat, und ich sehe heute ein: ich hätte früher kommunizieren müssen.

Dass ich das nicht getan habe, bedauere ich. (…) Ich bin sicherlich jemand, der, wenn es um die Durchsetzung von sozialen Interessen, mehr Schulen, mehr Kindergärten, Fahrpreissenkung, mehr Wohnungsbau geht, anders reagiert, als wenn es um meine Familie geht. Ich bedauere das im Nachhinein, aber wer mich lange kennt, weiß, dass ich anders reagiere, wenn es um Familienangehörige oder wenn es um politisch inhaltliche Forderungen geht. Ich bin dabei tatsächlich, ich kann das noch einmal wiederholen, wahrscheinlich auch ein Stück davon ausgegangen, dass das nicht so eskaliert.«

Aber wie es eskalierte.

Der Absturz

Die Spitze der Arbeiterwohlfahrt in Wiesbaden und Frankfurt trat zurück. Der AWO-Bundesverband schaltete sich ein. Die Staatsanwaltschaft ermittelte, den ersten Hinweis hatte sie schon im Juni 2019 durch eine anonyme Anzeige bekommen. Die Stadt checkte ihre Verträge und nahm die Verbindungen zur Arbeiterwohlfahrt unter die Lupe.

All das – unter dem Brennglas der Öffentlichkeit und von den Medien garniert – *mit dem immer gleichen Foto von meiner Frau und mir.* Der Sohn der Richters soll einen DJ für seine Geburtstagsparty aus der Firmenkasse bezahlt haben? *Das Foto zeigt meine Ex-Frau und mich*. Es kommt heraus, dass die AWO-Führung siebenstellige Beträge als Jahresgehalt bekommen hat? *Das Foto zeigt meine Frau und mich*. Die zuständige CDU-Sozial-Dezernentin muss sich wegen der AWO-Abrechnungen rechtfertigen? *Das Foto zeigt meine Frau und mich*. Manchmal hätte es mich nicht mehr gewundert, wenn das Foto auch noch gedruckt worden wäre, wenn es um gänzlich andere Themen wie Verkehrspolitik gegangen wäre.

Mittlerweile füllt mein Fall eine Ermittlungsakte von knapp 2000 Seiten. Da muss doch irgendwas Bedeutendes dran sein, oder? Da muss doch irgendwas Heftiges drinstehen, oder?

Ermittlungsakten werden chronologisch geführt. Als ich vor Monaten zum ersten Mal die Ordner in der Hand hielt, war ich gespannt, was die Staatsanwaltschaft zu den Berichten aus den ersten Tagen der Affäre zu sagen hätte. Das Ergebnis überrascht: Nichts. Zwar wurde im November 2019 die Akte angelegt, doch darin finden sich über Monate nur wenige dürre Sätze, laut denen gegen mich nichts vorliegt. Als im folgenden Sommer 2020 das hessische Innenministerium beim Justizministerium nachfragte, wie denn der Stand in Sachen Feldmann sei, hieß es, dass gegen Feldmann »auf Grundlage der bisherigen Erkenntnisse« kein Verdacht einer Straftat bestehe. Mein Anwalt bekam den Brief und verkündete mir die frohe Botschaft. Aber: Zwei Tage später titelte der *Hessische Rundfunk* das Gegenteil: *Staatsanwaltschaft ermittelt gegen Feldmann*. Eine Falschmeldung, die aber natürlich zu einem weiteren Sturm von Nachfragen anderer Journalisten führt. Manche schreiben auch einfach ab. Wir entschließen uns also, das Schreiben an die Öffentlichkeit zu geben – denn welchen besseren Beweis gäbe es denn, dass kein Verdacht einer Straftat besteht, als die Auskunft des hessischen Justizministeriums eben darüber.

So richtig freuen können sich manche Journalisten darüber aber überhaupt nicht. Man könnte meinen, die Überschrift müsste korrekt lauten: »Justizministerium: Gegen Feldmann liegt nichts vor.« Man kann es natürlich auch so machen, wie die *Frankfurter Neue Presse*: »AWO-Affäre: Oberbürgermeister Feldmann macht vertrauliches Dokument öffentlich.« Im Text geht es dann vor allem darum: Wurden die Ministerien gefragt? Widerspricht die Sache nicht dem Datenschutz? Durfte Feldmann dieses Schreiben veröffentlichen? Einige Wochen später flattert eine Stellungnahme des hessischen Datenschutzbeauftragten ins Büro: Ja, das ist alles nicht zu beanstanden gewesen. Interessiert aber keinen, erst recht nicht mehr die *Frankfurter Neue Presse*.

Mediale Unterstützung kommt nur von außerhalb Frankfurts, vom *Spiegel*-Kolumnisten und Staatsrechtler Thomas Fischer. Er schreibt unter anderem: »Es ist nun aber so, dass ein Schreiben des Inhalts, gegen einen Politiker oder sonst skandalmäßig interessanten Menschen bestehe nach dem Stand der Erkenntnis kein Verdacht einer Straftat und daher auch kein Anhaltspunkt dafür, gegen ihn zu ermitteln (siehe § 160 Abs. 1 StPO), pressemäßig eine echte Enttäuschung ist. Das wiederum ist kein Naturgesetz der Kommunikation, eher ein Eigengesetz der Kommunikationskultur. Mag sein, dass das beliebte ›bad news are good news‹-Philosophenwort mitschwingt, einer der nebenwirkungsfreien Weihrauchglobuli der Branche. Konkret einflussreicher dürfte im vorliegenden Fall aber die beinahe ebenso tiefe Erkenntnis sein, es müsse, wo ein Rauch ist, auch ein Feuer sich finden lassen. Das ist allerdings eine Theorie, die von Rauchmeldern ersonnen wurde.«

Ist auch sonst ein schöner Text, lesen Sie ihn mal.

Dafür hat das veröffentlichte Schreiben, das lässt sich an der Ermittlungsakte ablesen, wohl das Justizministerium interessiert. Kurz nach der Veröffentlichung des Schreibens werden die Staatsanwälte, die sich bisher um meinen Fall kümmerten, schnell abberufen. Ein anderes, neues Dezernat wird eingesetzt. Und das dreht nun wirklich jeden Stein um. Zusammen mit der Frankfurter Polizei werden zahlreiche Zeugen vernommen. Die Handy-Kurznachrichten und E-Mails des Ehepaars Richter, in denen mein Name fällt oder der meiner Frau, fließen in die Akte mit ein. Viel rauslesen kann man da aber nicht, wenn Sie mich fragen.

Ich kenne die Ermittlungsakte komplett, weil ich nun beschuldigt werde. Als Beschuldigtem steht sie mir zu. Dass auch die Kommunikation zwischen Ministerium und Staatsanwaltschaft interessant wäre und auch wichtig für meinen Prozess – das sehen zwar mein Anwalt und ich so. Die Staatsanwaltschaft will sie aber lieber nicht offenlegen. Aber ich bin dennoch froh, die Akte jetzt zu kennen, denn lange Zeit kannte ich sie nicht – und wurde immer wieder mit Fragen konfrontiert, deren Zusammenhang sich mir nicht erschloss und manchmal schrieben die Medien auch einfach so.

Interessant ist aber der Zeitpunkt, an dem ich vom Zeugen zum Beschuldigten mutiert wurde. Im Dezember 2021 war ich noch Zeuge. Zwei Tage vor der hessischen Kommunalwahl (10 Wochen später) steckte die Staatsanwaltschaft dem *Hessischen Rundfunk* dann: Wir ermitteln gegen Feldmann. Es gebe »neue Erkenntnisse«. Das ist interessant: Weil sich in der Ermittlungsakte zwischen Dezember – Feldmann ist Zeuge – und März – Feldmann ist Beschuldigter – genau nichts tut. Es tauchen keine neuen Erkenntnisse auf. Aber für die SPD, die in Frankfurt bei der Wahl eher so durchschnittlich abschneidet, ist es natürlich eine perfekte Entschuldigung: Wir wären ja als Sieger aus dieser Wahl hervorgegangen, aber mit diesem Skandal an den Hacken konnte das ja nicht klappen. Wochenlang triumphiert die CDU, die SPD-Dezernenten bangen (verständlicherweise) gestresst um ihren Job. Am Ende kommt alles anders. Die Grünen tun sich als Wahlsieger mit der SPD, mit der FDP und Volt zu einer Koalition zusammen, der Koalitionsvertrag enthält viele richtige Forderungen wie noch größere Förderungen günstiger Wohnungen oder kostenlose Betreuung ab der Krippe, für mich ein lange umkämpfter Traum. Doch politisch versucht die Koalition mich ins Abseits zu stellen. Führend überraschend dabei: Funktionäre meiner Partei.

Was wirklich geschah, war schon lange nicht mehr relevant. Die Medien, die Politik und Teile der Öffentlichkeit hatten ihr Urteil schon vorab gesprochen. Als die Staatsanwaltschaft Anklage erhob, war es endgültig vorbei. Wie ein Feigenblatt begannen die Kommentare in den Zeitungen oder die Worte von einst eng mit mir verbundenen Parteigenossen so: »Es gilt zwar die Unschuldsvermutung, aber…« Wäre ich Polemiker, würde ich sagen, das sei das gleiche wie der Satzanfang »Ich habe ja nichts gegen Ausländer, aber…« Bin ich aber Gottseidank nicht. Ich bin auch kein Pessimist, sonst wäre ich wahrscheinlich nie solange im Amt geblieben. Nein, ich bin da konsequent.

Und ich bin nicht korrupt.

11. Jude. Sozi. Oberbürger-
meister. Und jetzt?

So. Jetzt wissen Sie alles. Naja, nicht alles. Aber ein
bisschen mehr vielleicht als vorher. Wer dieser Feldmann ist. Warum der immer so einen Druck macht.
Wieso er nicht aufhört. Ich habe Ihnen erzählt, was
mich antreibt. Wie mich meine Religion geprägt
hat, und meine Eltern, meine Familie, die der Weg
in Vorzeiten von Breslau nach Deutschland, nach
Hamburg, den Vater nach Dänemark und Schweden
führte, und die heute, wie es so üblich ist, über die
Welt verstreut ist. Ich habe Ihnen viele Dinge auch
nicht erzählt. Nicht so viel über die Frauen in meinem Leben, nicht jede Anekdote, die ich in mir trage,
nicht über meine Lieblingsmusik, über durchtanzte
Nächte, über Reisen in alle Welt, vielleicht auch
nicht so viel über die Hinterzimmergespräche mit
anderen Politikerinnen und Politikern, weniger über
die Verhandlungen, dafür mehr über die Ergebnisse.
Ich persönlich finde das nicht so entscheidend, auch
wenn es vielleicht farbig und boulevardesk wäre
und noch besser, wenn ich mehr lästern würde über
heutige und ehemalige Weggefährten und politische

Gegner. War aber noch nie so mein Ding. Auch wenn ich persönlich natürlich, wie jeder Mensch, eindeutige Präferenzen habe, was andere Menschen angeht. Aber den politischen Konflikt kann man sich nicht aussuchen, die politischen Inhalte schon.

Der Dreiklang, der so ein bisschen über diesem Buch steht, ist entscheidend: Der Sozi. Der Jude. Der Oberbürgermeister. Klingt alles so logisch, aber es zählt hier eben auch das berühmte Kierkegaard-Zitat: »Verstehen kann man das Leben oft nur rückwärts, doch leben muss man es vorwärts.«

Als Kind, später als Jugendlicher, hatte ich wiederkehrende Träume:

1. Traum

Wir Nachbarskinder spielen – wie so oft – in der Nähe der Mülltonnen an einer großen Hecke, hinter der schemenhaft, wie ein dunkler Schatten, etwas sichtbar und erkennbar wird: Ein Wolf, gerade zum Sprung ansetzend! Ich versuche zu schreien, niemand reagiert. Ich spreche Kinder an, mir zu helfen, die anderen Kinder zu warnen, niemand reagiert! Ich renne zwischen den Kindern herum, spreche alle persönlich an, niemand reagiert, der Wolf bricht durch die Hecke und frisst: Mich.

Ich habe diesen 1. Traum gefühlt 100x geträumt, bin danach tatsächlich erleichtert aufgewacht und habe vergnügt festgestellt: ICH LEBE.

Und die Freunde, die im Traum nicht reagiert haben, sind im echten Leben doch (überwiegend) wach und sogar sehr hilfsbereit.

2. Traum (als Jugendlicher)

Ich gehöre zu den letzten überlebenden jüdisch-sozialistischen Widerstandskämpfern in einem von Nazi- Deutschland besetzten kleinen Nachbarland. Wir haben uns auf einem großen Dachboden verschanzt, während in der davor liegenden Straße SS und Wehrmacht aufmarschieren, Maschinengewehre aufgebaut werden, um das Haus zu stürmen. Wir dagegen verfügen über eine miserable Ausrüstung mit altmodischen Handgranaten und antiquierten Karabinern. Die Frage, die sich uns augenblicklich stellt, ist: rausgehen, kämpfen, den sicheren, aber ehrenhaften Heldentod sterben?

Oder wegducken, die (natürlich roten!) Kennzeichen ablegen, heimlich durch den Hinterausgang fliehen und vielleicht überleben?

Nun, die Lösung kam mal wieder in Gestalt meines Vaters, überraschend verknüpft mit einer Immobilienentscheidung.

3. Die Auflösung

Also kam der Tag, an dem ich mich fürs »Nestbauen« entschieden habe. Ich wollte eine kleine Wohnung für mich, für ein geplantes Kind und für die Dame des Herzens kaufen. Als Jugendzentrumsleiter ist man dafür nicht wirklich »finanziell flüssig«. Von meinem Vater wusste ich, dass er einen Immobilienkauf generell nicht gerade für eine schlaue Entscheidung hielt: »Gepackte Koffer«, »Was ist los, wenn es wieder losgeht?« und »Eine Wohnung kann man doch nicht mitnehmen.«, das waren die bekannten Argumentationsstandards von ihm.

Nun die unerwartete Überraschung: »Ja, mach das und ich leihe Dir, was Du an Eigenkapital brauchst.« Auf meinen sicher komplett perplexen Gesichtsausdruck hin schob er schnell nach: »Wenn ich geahnt hätte, dass Deutschland ein so demokratisches Land wird, hätte ich mir sicher auch eine Wohnung gekauft. Es existiert keine existenzielle Gefahr mehr für unser Leben. Jetzt sollst Du es machen!« Das war's. Der Knoten war geplatzt. Von dem Tag an keine Alpträume, keine Angst, keine Nazis in Träumen oder Traumata und auch keine Wölfe mehr.

Über diese Träume denke ich auch heute noch immer wieder nach. Ein Teil blieb gewissermaßen bestimmend für mein Handeln. Es geht darum, wann man sich aus der Deckung wagt und etwas für andere oder sich selbst riskiert, um voranzukommen, auch wenn man Angst bekommen kann und niemand reagiert. Nicht schlimm!

Ich hatte gehofft, dass ich meinem Amt auf Zeit noch ein bisschen nachgehen kann. Es kam anders. Ich freue mich dennoch sehr auf das Jubiläum der Paulskirche und dass wir damit den Grundstein dafür legen, Frankfurt zu einer Stadt der Demokratie zu machen. Das Gebäude aus dem Dornröschenschlaf zu wecken, so drückte ich mich aus, als es 2018 darum ging, die Sanierung voranzutreiben. Dabei geht es ja nicht nur darum. Die Sanierung ist notwendig. Aber sie ist nur ein Vehikel, mehr aus diesem nationalen Gedenkort zu machen. Ein Denkmal brauchen wir nicht, wenn es um die Demokratie geht. Wir brauchen einen lebendigen Ort, in dem nicht nur die Geschichte gelehrt wird, sondern auch ganz praktisch erprobt werden kann, was es heißt, sich einzubringen in unsere Gesellschaft.

Und welche Stadt würde sich besser eignen als Frankfurt? Dem Ziel des großen Kibbuz kommen wir mit einem Haus der Demokratie vielleicht einen kleinen Schritt näher. Wir müssen die Schwelle dafür senken, so dass sich im Römer, in der Paulskirche, aber auch in den Museen und Opernhäusern jede/r willkommen fühlt, mehr noch: sich jede und jeder diese Orte aneignet und sie als ihre/seine begreift.

Ich habe oft von der *Stadt für alle* gesprochen, vom Auftrag, die ideale Stadt zu bauen. Eine Stadt, in der alte Menschen und Kinder sich sicher bewegen können. In der sie sich sicher fühlen. Eine Stadt, in der es bezahlbare Wohnungen gibt.

Eine Stadt, aus der Familien nicht wegziehen müssen, weil sie zu wenig Geld haben. Eine Stadt, in der es exzellente Bildungsangebote gibt und Schulgebäude, in denen sich Lehrkräfte und Kinder gerne aufhalten. Eine Stadt, in der es günstigen Nahverkehr gibt. In der die Menschen lieber das Rad als das Auto nehmen. In der Lärm die Menschen nicht aus dem Schlaf reißt. Und in der sich die Menschen auf Plätzen, Straßen versammeln, in der es ein Miteinander gibt, kein Gegeneinander.

Es ist einiges passiert. Wenn man sich anschaut, was aus Frankfurt geworden ist seit dem Ende des Zweiten Weltkriegs, als die Stadt nahezu zerstört war. Man hat sie nicht nur wiederaufgebaut, man hat sie schöner gemacht, als sie wahrscheinlich je war. Doch, auch das ist, glaube ich, in diesem Buch deutlich geworden, Städte werden nicht durch Gebäude gemacht, nicht durch Parks und nicht durch Werbekampagnen. Sondern durch die Menschen, die hier leben. Und die haben schon viele Krisen durchgestanden. Allein in den vergangenen zwei Jahren gab es eine Pandemie, die Frankfurt über Wochen zur Geisterstadt werden ließ; nun gibt es einen Krieg und viele Geflüchtete, die wir unterstützen müssen und eine Energie- und Klimakrise, die viele Entscheidungen vorwegnimmt, von denen wir dachten, wir hätten für sie noch ein wenig mehr Zeit.

Es ist also an der Zeit, sich zu politisieren. Und sich in der Politik zu engagieren. Trotz aller Ungemütlichkeiten, trotz aller Reibungen, die ihr eigen sind und die immer wieder zu Konflikten führt – die manchmal auch weit unter die Gürtellinie gehen.

Hier muss ich sagen: Letzteres würde ich mir anders wünschen. Ich würde mir wünschen, dass wir wieder respektvoller miteinander umgehen. Und ich sage das nicht, weil es mich selbst gerade betrifft. Da gab es Plakate, auf denen es hieß »Feldmann entsorgen«, eine Sprache der Nazis. Und ich habe mich geärgert, als bloß vier Tage nach den Hetzplakaten die *Bild-Zeitung* wie folgt in einen Text einstieg: »Jetzt versucht die Römerkoalition, Pattex-Peter vom OB-Sessel zu kratzen.«

Doch das alles, das weiß ich leider auch, ist harmlos gegenüber dem, was andere Menschen auf sozialen Medien oder im wirklichen Leben zu erleiden haben. Deswegen wiederhole ich noch einmal: Wir müssen respektvoller miteinander umgehen. Inhaltlich in der Sache hart streiten, aber dabei nicht persönlich werden.

Denn auch das gehört zur DNA unserer Stadt. Und ich möchte noch einmal einen Satz vom Anfang dieses Buches zitieren: »Die soziale Frage ist entscheidend für den Nährboden, der sich Extremisten bietet. Wir müssen alle mitnehmen. Wir müssen miteinander reden, streiten und diskutieren, wir müssen allen die gleichen Chancen auf ein würdiges Leben bieten.«

Dafür lohnt es sich, immer wieder aufzustehen und weiterzumachen.

Dank

Man steht für sich, aber nie ganz alleine. Wir formen uns gegenseitig.

Ich möchte mich bei all den wunderbaren aktiven, fleißigen Menschen bedanken, mit denen ich seit 10, 20 und manchmal über 50 Jahren eng, manchmal locker zusammengearbeitet habe.

Ihr wart mir immer wichtig!